行业会计比较

主　编　张　蕾　刘文学
副主编　王　娜　何　锦　许　燕
　　　　王琳琳　丁　心
主　审　刘　莉

北京理工大学出版社
BEIJING INSTITUTE OF TECHNOLOGY PRESS

图书在版编目（CIP）数据

行业会计比较 / 张蕾，刘文学主编. -- 北京：北京理工大学出版社，2023.1
ISBN 978-7-5763-2055-8

Ⅰ. ①行… Ⅱ. ①张… ②刘… Ⅲ. ①部门经济-会计-对比研究 Ⅳ. ①F235-03

中国国家版本馆 CIP 数据核字（2023）第 007909 号

出版发行 / 北京理工大学出版社有限责任公司
社　　址 / 北京市海淀区中关村南大街 5 号
邮　　编 / 100081
电　　话 / （010）68914775（总编室）
　　　　　（010）82562903（教材售后服务热线）
　　　　　（010）68944723（其他图书服务热线）
网　　址 / http：//www.bitpress.com.cn
经　　销 / 全国各地新华书店
印　　刷 / 三河市天利华印刷装订有限公司
开　　本 / 787 毫米 × 1092 毫米　1/16
印　　张 / 15.25　　　　　　　　　　　　　责任编辑 / 钟　博
字　　数 / 386 千字　　　　　　　　　　　　文案编辑 / 钟　博
版　　次 / 2023 年 1 月第 1 版　2023 年 1 月第 1 次印刷　　责任校对 / 刘亚男
定　　价 / 89.00 元　　　　　　　　　　　　责任印制 / 施胜娟

序　言

　　本书是为了适应高职学生自身学习的需要和教师上课的需要，也是为了响应高校的教学改革而编写的。本书按照本书按照教育厅关于深入推进二十大精神进教材的最新要求及高等职业教育的人才培养目标，本着理论与实践相结合的原则，突出了分岗性、操作性、实用性。本书的一大亮点是每一项目均采用企业真实案例单据，还原了企业真实的财务核算过程。

　　在竞争环境下，社会对会计专业人才的要求呈现出行业与职业岗位双重适应性的特征，高校人才培养模式应与之适应。新人才培养模式以行业与职业岗位双重适应性为导向，在培养目标、过程、方式三方面突显会计专业人才特定行业与职业定向和能力要求。这要求社会与企业为会计专业学生提供实践信息与机会，充分发挥高校在行业企业方面的办学特色优势，进一步加强教学计划、组织与控制管理。本书结合社会实际行业和岗位，旨在拓展学生对行业领域的认识，满足学生在不同行业从事会计工作的需要，拓宽学生的就业面，增强学生的岗位适应能力和行业会计处理的应变能力。

　　本书在编写过程中得到了北京理工大学出版社和厦门网中网软件有限公司的大力支持和帮助，在此表示感谢！

编者

前　言

"行业会计比较"是会计专业的拓展课程，我们按照全新的高等职业教育理念，采取全新的编写模式。由于各行各业的经营业务范围和特点不同，在分析 11 个主要行业典型业务的基础上，通过对会计核算内容和会计核算方法等方面的相互比较，让读者了解各行业的经营管理和会计核算特点，熟悉各行业典型业务的会计处理。

本书具有以下特点。

1. 通过"英模教育，榜样引领"落实二十大精神进教材

通过二十大精神进教材，弘扬伟大建党精神并落实好立德树人根本任务，引导青年学子努力成为堪当民族复兴重任的"复兴栋梁、强国先锋"。结合《高等学校课程思政建设指导纲要》，针对即将走入不同行业顶岗实习的学生，行业认知有限的学情，基于"诚信、懂法、规范、细致"新时期会计人精神内涵，设计"英模教育，榜样引领"的课程育人主线，选取不同行业的榜样，将榜样的真实案例以动画的形式展现出来，引领学生树立具有会计人核心、特质的职业素养。

2. 是以"做"为中心的"教学做合一"教材

本书按照"以学生为中心，以学习成果为导向，促进自主学习"思路进行开发设计，弱化"教学材料"的特征，强化"学习资料"的功能，将"各行业会计岗位任职要求、职业标准、工作过程或产品"作为主体内容，将相关理论知识点分解到工作任务中，便于运用"工学结合""做中学""学中做"和"做中教"的教学模式，体现"教学做合一"理念。

3. 编写体例、形式和内容适合职业教育特点

本书的结构设计符合学生的认知规律，采用项目化设计，以"任务"为驱动，强调"理实一体、学做合一"，更加突出实践性，力求实现情境化教学。本书共分 9 个项目，下设若干任务，可激发学生的学习兴趣，使学生明确学习目标。学生通过完成任务总结知识，循序渐进，实现必要知识的积累、动手能力的实践和分析问题能力的提高，符合学生的认知规律和接受能力。

4. 是新形态一体化教材，实现教学资源共建共享

本书发挥"互联网＋教材"的优势，配备二维码学习资源，用手机扫描书中二维码即可获得在线数字课程资源支持。同时本书提供配套教学课件、课程标准、技能训练答案及解析等供任课教师使用。

本书由聊城职业技术学院张蕾，山东劳动职业技术学院刘文学任主编。聊城职业技术学院王娜、何锦、许燕、王琳琳，山东劳动职业技术学院丁心任副主编。厦门网中网软件有限公司大区经理刘莉任主审。张蕾负责拟定大纲，编写项目一、项目六，以及最后统稿；刘文学负责编写项目五；王娜负责编写项目七；何锦负责编写项目八、项目九；许燕负责编写项目四；王琳琳负责编写项目三；丁心负责编写项目二；刘莉负责最后的审核工作。本书中岗位任务单原始凭证来源于厦门网中网教学平台。

由于编者的水平和实践经验有限，书中难免存在不妥之处，恳请读者批评指正。

编者

目 录

项目五　房地产企业会计核算

项目六　农业企业会计核算

项目七　物流企业会计核算

项目八　政府会计核算

项目九　电子商务会计核算

参考文献

项目一

行业会计认知

【知识目标】
- 认识国民经济行业分类；
- 了解不同行业经营活动中存在的特殊业务；
- 熟悉各行业特殊经营活动需要使用的核算方法。

【能力目标】
- 能识别国民经济行业分类中的各种行业；
- 能针对不同行业特殊经营活动使用专门的方法进行核算。

【素质目标】
- 能根据需求查阅相关的资料，了解各个行业；
- 能与企业内、外部人员进行有效沟通；
- 具有敬业精神、团队合作能力和良好的职业素养。

【思政目标】

筑牢"四个自信"。党的二十大报告中强调，必须坚持自信自立。我们要坚持对马克思主义的坚定信仰、对中国特色社会主义的坚定信念，坚定道路自信、理论自信、制度自信、文化自信，以更加积极的历史担当和创造精神为发展马克思主义做出新的贡献。

培养追求卓越的工匠精神。党的二十大报告中指出，加快建设国家战略人才力量，努力培养造就更多大师、战略科学家、一流科技领军人才和创新团队、青年科技人才、卓越工程师、大国工匠、高技能人才。

【行业认知】

我国唐代的行业被划分为"三十六行"，例如成衣行、针线行、顾绣行、丝绸行等。徐珂在《清稗类钞·农商类》中说："三十六行者，种种职业也。就其分工而约计之，曰三十六行，倍之则为七十二行，十之则为三百六十行。"

一、行业分类

行业分类，是指从事国民经济中同性质的生产或其他经济社会的经营单位或者个体的组织结构体系的详细划分。行业分类可以解释行业本身所处的发展阶段及其在国民经济中的地位。

我国一般将行业划分为三大类，即第一产业、第二产业、第三产业。第一产业包括农业、林业、畜牧业、渔业等。第二产业包括采矿业、制造业、电力热力燃气及水生产、建筑业等。第三产业包括除上述第一产业和第二产业以外的其他各行业。第三产业包括两大领域，分别是流通领域和服务领域。

二、行业会计的概念

行业会计是以货币为主要计量单位，采用专门的方法对本行业的经济活动进行核算和监督的一项管理活动。它是一种反映、监督不同行业生产及经营活动的专业会计。

对各行业的特殊业务如何进行处理，就是研究行业会计的目的所在。

三、各行业会计核算具有特殊性

（一）存货核算的差异

由于不同行业的企业从事不同的生产经营活动需要有不同类型的存货，因此，存货比较能够反映行业生产经营的特点。

（1）存货核算范围的差异。工业企业的存货核算范围包括原材料、包装物、低值易耗品、委托加工物资、半成品、产成品和分期收款发出商品等。施工企业的存货核算范围包括库存材料、低值易耗品、周转材料、委托加工物资、工程施工、工业生产、辅助生产等。两者相比，工业企业存货核算范围包括由于产品包装需要而购入的包装物，施工企业存货核算范围则包括工程施工过程中需要的周转材料。商业企业的存货更多地体现为所购进待销售的各项商品；基建企业如果实行甲方供料，将有大宗材料物资的核算，类似施工企业材料物资的核算，否则核算的存货仅包括低值易耗品、备品备件；服务企业其存货实物形态虽然千差万别，但仍可归结到相应的存货中进行核算。

（2）材料采购成本核算的差异。工业企业对于材料采购成本在会计核算上要求将购入材料所发生的各项直接支出计入相应材料采购成本；商业企业、服务企业采购成本的计入与工业企业大致相同。而施工企业、基建企业的建设物资由于采购程序比较复杂、采购费用较高，专设了相应会计科目（如"采购保管费"科目）核算各项采购支出，并在一定的期间内合理摊销到各项材料的采购成本中。对于材料、产品计价方法则，可根据自身特点，采用个别计价法、先进先出法、后进先出法、加权平均法等存货计价方法，与行业性态没有太大的关系。

（二）成本费用核算方面的差异

（1）成本费用核算范围的差异。成本费用一般包括料、工、资三个项目，基建企业与其他行业企业的重要区别是没有成本费用，其相关收入冲减有关投资科目。工业企业的成本费用一般体现为所制造产品耗用的原材料、燃料及动力、直接人工及福利费、制造费用以及与产品生产经营有关的销售费用、管理费用、财务费用和相关的税费支出。施工企业由于工程项目的长期性和复杂性，其成本费用一般包括工程施工过程中所耗用的原材料、人工费、机械使用费、其他直接费用以及管理费用、财务费用和相关的税费支出。两者相比，施工企业由于有较多的机械作业，因此在成本费用中单列出机械使用费。商业企业、服务企业成本费用按正常料、工、资三要素分类方法进行相应的成本费用归集。

（2）成本核算方法的差异。工业企业、服务企业的成本核算方法主要包括个别计价法、品种法、分批法、分步法等。施工企业的成本核算方法主要为项目法。商业企业的成本核算方法比较特殊，一般采用零售价法。

（3）成本结转方法的差异。工业企业的成本结转是在产品与产成品之间分配其各自的成本，因此成本结转方法包括不计在产品成本法、固定计算在产品成本法、约当产量法等。施工企业在项目完工前没有产成品，因此对在产品的成本结转主要根据配比原则，按照收入实现的完工百分比确认成本。

（三）收入确认方法的差异

按照权责发生制的要求，工业企业、商业企业、服务企业是在转移产品的所有权时确认收入的实现；施工企业收入的确认采用完工百分比法，完工程度的确认包括投入法、产出法、技测法；基建企业收入冲减相应投资。

（四）固定资产核算方法的差异

工业企业、商业企业、服务企业的固定资产计提折旧计入相应成本费用或"在建工程"等科目；基建企业的固定资产计提折旧计入所投资的项目；施工企业的固定资产作为单独项目单独核算，设立"机械作业"科目归集固定资产各项收入费用，包括折旧、人工费、物料消耗等项目，施工使用固定资产时作为该项固定资产的机械使用收入。

项目二

商业企业会计核算

【知识目标】

- 认识商业经营活动；
- 了解商业企业会计核算的特点；
- 熟悉商业行业的主要经济业务内容和资金运动规律；
- 掌握批发业务的核算内容；
- 掌握零售业务的核算内容。

【能力目标】

- 能处理批发业务的核算；
- 能处理零售业务的核算；
- 能正确辨识相关的原始凭证，并根据原始凭证填制记账凭证，登记账簿，编制会计报表。

【素质目标】

- 能根据需求查阅相关的资料，分析相关数据；
- 能与企业内、外部人员进行有效沟通；
- 具有敬业精神、团队合作能力和良好的职业素养。

红色商人霍英东

【思政目标】

- 培养严谨、专注的学习态度；
- 树立社会主义核心价值观；
- 培养内在的职业道德品质。

商业企业会计核算介绍

【行业认知】

　　商业源于原始社会以物易物的交换行为，它的本质是交换，而且是基于人们对价值认识的等价交换，是商品和消费者之间的桥梁，是我国第三产业的中心支柱，其发展状况直接影响我国经济的运行速度。在商业发展过程中，第一次具有根本意义的变革是批发商业与零售商业的最终分离。经营批发业务的商业企业称为批发企业，其进行大宗商品买卖，即购进货物，供进一步转售或生产加工的商业经营活动；经营零售业务的商业企业称为零售企业，其把商品最终出售给消费者，以满足各类消费者个人的物质需要和文化生活需要等。总之，商业是将生产的商品产品提供到消费者手中的活动，一般商业活动要经历购、运、存、销四个环节。每实现一次买卖活动就是经历一个商业经营过程。

子项目一　批发企业会计核算

【知识储备】

　　批发企业是连接生产企业与零售企业的中间枢纽。生产企业的特点是：

批发企业特点

生产批量大，品种单一，要求及时成批推销。零售企业的特点是：经营品种繁多，出售次数多、数量少，要求勤进快销。批发企业既能成批购销商品，又能大量储存多家商品，解决了生产企业和零售企业在生产经营中的矛盾，既有利于生产发展，又有利于零售企业的经营。因此，批发企业的任务，即为生产服务，为零售服务，合理储存，发挥"蓄水池"作用。

一、批发企业的类型

批发企业的类型包括产地批发企业、中转地批发企业和销地批发企业。

（一）产地批发企业

产地批发企业处于第一道批发环节，处于整个商品流通的起点。它位于产品面向全国的工业生产集中的大城市和进口口岸，负责收购当地工业品和接受进口商品，向全国中转地批发企业、销地批发企业以及个别大型和特种零售企业供应商品，并担负主要商品的储备任务。

（二）中转地批发企业

中转地批发企业处于第二道批发环节，位于整个商品流通的中转地位。从全国范围来看，它位于地方工业集中的城市或主要交通枢纽。因此，它的任务主要是收购地方工业产品，转运由其他批发企业购进的商品，向本经济区的销地批发企业供应商品。为了减少商品流转环节，它也可以对附近农村的基层供销社和少数大型零售企业直接供应商品。

（三）销地批发企业

销地批发企业处于最后一道批发环节，位于批发商品流通过程的终点。它的任务主要是从外地批发企业进货，并收购当地工业产品，经营市场批发业务，向零售企业和农村供销社供应商品。

二、存货核算方法

无论哪种类型的批发企业，其业务流程都是商品购进、储存和销售。批发业务具有如下特征：经营规模、交易量和交易额较大，交易频率较低；商品储备量较大，核算上要随时掌握各种商品进、销、存的数量和结存金额；每次交易都必须取得合法的交易凭证，用以反映和控制商品的交易活动等。一般批发企业采用数量进价金额核算法，小型批发企业也可以采用数量售价金额核算法。

（一）数量进价金额核算法

1. 内容

1）进价记账

会计部门对库存商品总账和明细账的进、销、存金额均按进价记账。

2）分户核算

在库存商品总账控制下，按商品的品名、规格、等级和编号分户进行明细核算。库存商品明细账对每种库存商品的增减和结存情况，既反映金额，又反映数量。

3）设置类目账

如果商品流通量小，企业经营品种繁多，还应设置库存商品类目账，以核算大类商品的进、销、存情况和控制所属各明细账。对于经营品种比较简单的商品流通小企业，库存商品可不设置类目账，直接用总账控制明细账。

4）结转成本

采用适当方法随时或定期结转商品销售成本。商品销售成本即销售商品进价，小企业可根据经营商品的不同特点和业务经营的不同需要，按照会计制度的规定分别采用不同的计算和结转方法，随时或定期结转商品销售成本。

2. 主要特点

（1）库存商品的总账和明细账都按商品的原购进价格记账。

（2）库存商品明细账按商品的品名分户，分别核算各种商品收进、付出及结存的数量和金额。

3. 优、缺点

（1）优点：能全面反映各种商品进、销、存的数量和金额，便于从数量和金额两个方面进行控制。

（2）缺点：由于每笔进、销货业务都要填制凭证，按商品品种逐笔登记明细分类账，所以核算工作量较大，手续较繁。

4. 适用性

该方法一般适用于规模较大、经营金额较大、批量较大而交易笔数不多的大中型批发企业。

（二）数量售价金额核算法

1. 内容

数量售价金额核算法的具体内容如下。

1）售价记账

库存商品的总分类账和明细分类账统一按售价记账。总分类账反映库存商品的售价总额，明细分类账反映各种商品的实物数量和售价总额。

2）分户核算

库存商品的明细分类账按商品的编号、品名、规格、等级分户，按商品的收、付、存分栏记载数量和金额。

3）设置"商品进销差价"账户

该账户记载库存商品售价金额与进价金额之间的差额，定期分摊已销商品的进销差价，计算已销商品的进价成本和库存商品的进价金额。

2. 特点

（1）库存商品的总账和明细账都按商品的销售价格记账，并同时核算商品实物数量和售价金额。

（2）对于库存商品购进价与销售价之间的差额需设置"商品进销差价"科目进行调整，以便计算商品销售成本。

3. 优、缺点

（1）优点：对每种商品按数量和售价金额实行双重控制，有利于加强对库存商品的管理和控制，对商品销售收入的管理与控制也较为严密。

（2）缺点：每逢商品售价变动，就要盘点库存商品，调整商品金额和差价，核算工作量较大。

4. 适用性

该方法适用于基层批发企业和经营贵重商品的零售企业。

任务1　批发企业商品购进业务核算

【做中学，学中做】

子任务1　商品入库的核算

北京俪悦商贸有限公司购进了一批女装，入库时发现有质量问题，经与

批发企业商品购进业务核算

供货方商定，将一批有质量问题的商品退回供货方（提示：与供应商的往来计入应付账款核算，反方向记账）。

（1）商品出库处理核算（图2-1）。

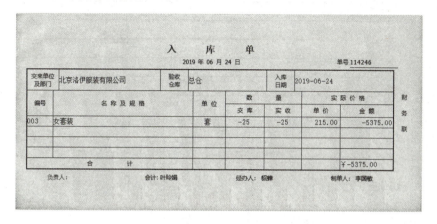

图2-1

（2）收到供货方开出的红字专用发票时，根据发票上的金额做收款处理（图2-2）。

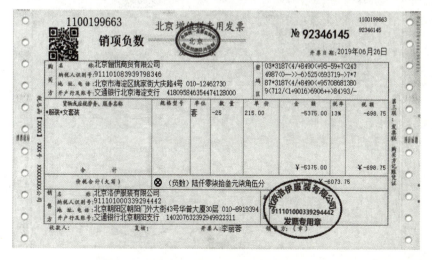

图2-2

记账凭证

摘要	科目名称	借方金额	贷方金额
合计			

记字　号　　　　　日期：　　　　　　　　　附单据　张

记账　　　　审核　　　　出纳　　　　制单

图2-2（续）

子任务2　商品拒收入库的核算

北京鑫鑫商贸有限公司购入200双运动鞋，尚未入库（提示：运费已由对方垫付，因运费金额较小，在发生时直接计入当期销售费用）。

（1）购货核算（图2-3）。

图2-3

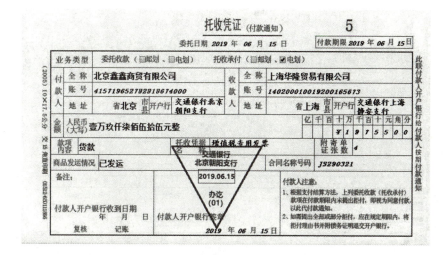

图 2 - 3（续）

（2）入库时发现 50 双运动鞋有质量问题，拒收入库，供货方同意退货，并收到供货方开具的红字发票（图 2 - 4）。

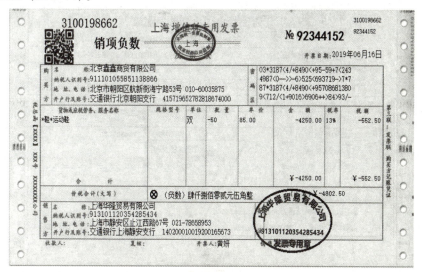

图 2 - 4

入 库 单

2019 年 06 月 16 日 　　　　　　　　　　　单号 210034

交来单位及部门	上海华隆贸易有限公司		验收仓库	总仓		入库日期	2019-06-16		财务联
编号	名称及规格	单位	数量		实际价格				
			交库	实收	单价	金额			
001	运动鞋	双	150	150	85.00	12750.00			
	合　　　计					￥12750.00			

负责人： 　　　会计：胡明 　　　　　经办人：司马懿 　　　　制单人：谢琳琳

记 账 凭 证

记字 号		日期：				附单据	张
	摘要	科目名称		借方金额	贷方金额		
	合计						
记账		审核	出纳		制单		

图 2 - 4（续）

（3）收到供应商退还的货款（图 2 - 5）。

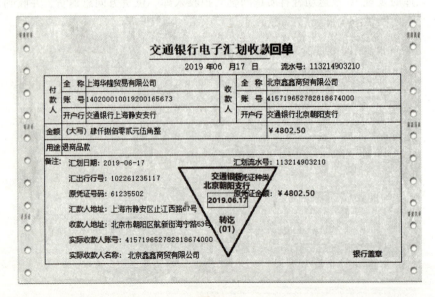

图 2 - 5

记 账 凭 证

记字 号		日期：			附单据 张
摘要		科目名称	借方金额	贷方金额	
合计					
记账	审核	出纳		制单	

图 2-5（续）

子任务 3 商品进货退价的核算

北京鑫鑫商贸有限公司购进的运动鞋的实际进价低于原结算进价，由供货方退还一部分货款，即进货退价，收到原来多付的金额（图 2-6）。

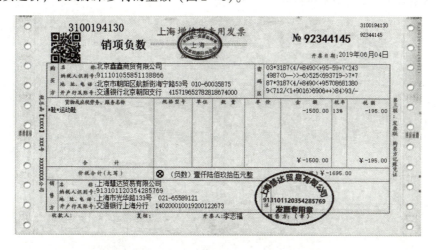

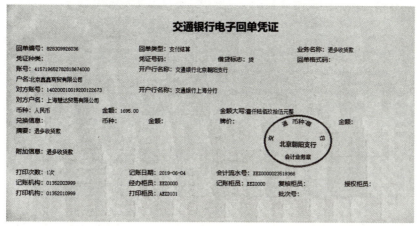

图 2-6

记 账 凭 证

记字　　号　　　　　　　　　　日期：　　　　　　　　　　　　　　　附单据　　　张

摘要	科目名称	借方金额	贷方金额
合计			

记账　　　　　　审核　　　　　　出纳　　　　　　制单

图 2-6（续）

子任务 4　商品进货补价的核算

北京鑫鑫商贸有限公司购进的女皮鞋实际进价高于原结算的进价，应补付给供货方少收的货款，即进货补价，支付原来少付的金额（图 2-7）。

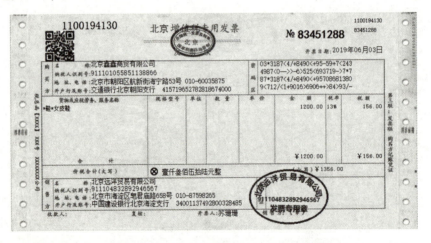

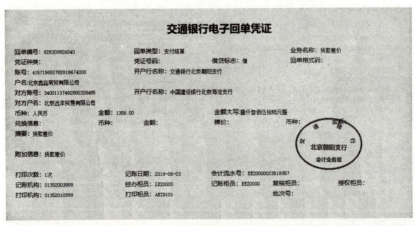

图 2-7

记 账 凭 证

摘要	科目名称	借方金额	贷方金额
合计			

记字　　号　　　　　　　　　　日期：　　　　　　　　　　　　　附单据　　　张

记账　　　　　　审核　　　　　　出纳　　　　　　制单

图 2-7（续）

【小结】

（一）同城购入

1. 收票据、付款、入库同时进行

借：库存商品
　　应交税费——应交增值税（进项税额）
　　销售费用（在有运费的情况下）
　　贷：银行存款

2. 收票据、付款同时进行，入库不同时进行

（1）收票据，付款。
借：在途物资
　　应交税费——应交增值税（进项税额）
　　销售费用（在有运费的情况下）
　　贷：银行存款

（2）入库。
借：库存商品
　　贷：在途物资

3. 收票据、入库同时进行，付款不同时进行

（1）收票据并入库。
借：库存商品
　　应交税费——应交增值税（进项税额）
　　销售费用（在有运费的情况下）
　　贷：应付账款

（2）支付货款。
借：应付账款
　　贷：银行存款

4. 收票据、入库同时进行，采用商业汇票形式结算

（1）收票据并入库。
借：库存商品

应交税费——应交增值税（进项税额）

销售费用（在有运费的情况下）

贷：应付票据

（2）汇票到期。

借：应付票据

贷：银行存款

（二）异地购入

1. 票据先到，商品后到

（1）收票据。

借：在途物资

应交税费——应交增值税（进项税额）

销售费用（在有运费的情况下）

贷：银行存款

（2）商品入库。

借：库存商品

贷：在途物资

2. 票据、商品同时到达

借：库存商品

应交税费——应交增值税（进项税额）

销售费用（在有运费的情况下）

贷：银行存款

3. 月底暂估入库。

（1）月底暂估。

借：库存商品

贷：应付账款——暂估应付款

（2）月初冲红。

借：库存商品（红字）

贷：应付账款——暂估应付款（红字）

（3）收票据。

借：库存商品

应交税费——应交增值税（进项税额）

销售费用（在有运费的情况下）

贷：银行存款

【巩固提升】

1. 批发企业购进商品运输途中的自然损耗应列支为（　　）。

A. 由供货单位补发商品或作进货退出处理　　B. 销售费用

C. 其他应收款　　　　　　　　　　　　　　D. 营业外收入

2. 批发企业库存商品采用的会计核算方法有（　　）。

A. 数量售价金额核算法　　　　　　　　　　B. 售价金额核算法

C. 数量进价金额核算法　　　　　　　　　　D. 进价金额核算法

3. 商品流通企业商品流转业务主要包括以下哪几个环节？（　　　）

A. 委托加工销售　　　　　　　　　B. 商品购进

C. 商品销售　　　　　　　　　　　D. 商品储存

4. 同城商品销售的交接方式一般采用"送货制"或"提货制"，货款的结算方式一般采用（　　　）。

A. 转账支票　　　　B. 商业汇票　　　　C. 银行本票　　　　D. 现金

5. 作为商品购进的入账时间为（　　　）。

A. 支付货款的时间　　　　　　　　B. 收到商品的时间

C. 支付货款同时收到商品的时间　　D. 预付货款的时间

6. "商品采购"账户用来核算企业购入商品的采购成本，它包括（　　　）。

A. 商品的货款　　　　　　　　　　B. 应计入成本的收购费用

C. 采购商品的运杂费　　　　　　　D. 采购商品的税金

7. 大连交电批发公司为增值税一般纳税人，增值税税率为13%，在2019年10月发生下列经济业务。

（1）3日，销售50台台扇给沈阳风扇门市部，开具了增值税发票，销售价格为每台200元，合计货款10 000元，现金垫付运费增值税专用发票金额500元，当天收到沈阳风扇门市部的转账支票。成本为每台160元。

（2）5日，沈阳风扇门市部发现其中10台台扇存在质量问题，要求退货。经业务部门同意，退回商品，验收入库后开出转账支票，退回货款和增值税款。

（3）11日，开箱复验购买的已经验收入库的一批插排，发现有10箱插排质量不符合要求，与大连插排厂联系后对方同意退货，收到其退货的红字增值税专用发票，应退货款为4 800元（不含税），收到业务部门转来的进货退出单及大连插排厂开具的转账支票。

（4）15日，银行转来大连自行车厂的托收凭证及增值税发票，开列自行车100辆，每辆300元，合计货款30 000元。该自行车由大连自行车厂直接发给大连百货公司。

（5）16日，收到大连百货公司送来的转账支票，该批自行车销售单价为400元，合计货款40 000元。

要求：对以上业务做相应的会计分录。

8. 批发企业商品购进、进货退出及购进商品退补价的核算。

（1）大连鞋帽公司在2019年12月发生下列经济业务。

①1日，业务部门转来大连制帽厂开来的增值税专用发票，开列童帽375箱，每箱300元，共计货款112 500元，增值税税额为14 625元，并收到自行填制的收货单（结算联）467号，经审核无误，当即签发转账支票付讫。

②3日，向大连运动鞋厂订购26厘米运动鞋5 000双，每双37.5元，合同规定先预付货款的30%，15天后交货时再支付剩余的70%。3日签发转账支票，预付大连运动鞋厂运动鞋货款56 250元。

③4日，储运部门转来收货单（入库联）468号，向大连制帽厂购进童帽350箱，每箱200元，已全部验收入库，结转童帽的采购成本。

④14日，银行转来厦门运动鞋厂托收凭证，附增值税专用发票（发票联）555号，开列23厘米运动鞋2 000双，每双30元，增值税专用发票（发票联）556号，开列25厘米运动鞋3 000双，每双36元，共计货款168 000元，增值税税额为21 840元，运费凭证上注明的运费为330元，并收到自行填制的收货单（结算联）470号、471号，经审核无误，当即

承付。

⑤20 日，业务部门转来大连运动鞋厂开来的增值税专用发票，开列 26 厘米运动鞋 5 000 双，每双 37.5 元，共计货款 187 500 元，增值税税额为 24 375 元，并收到自行填制的收货单（结算联）472 号，今扣除已预付的 30% 货款后，签发转账支票，付清其余 70% 货款及全部增值税税额。

（2）大连交电公司在 2020 年 4 月发生下列经济业务。

①7 日，开箱复验商品，发现入库的华生牌台扇中有 30 台质量不符合要求，每台 160 元，与大连电扇厂联系后对方同意退货，收到其退货的红字增值税专用发票，应退货款为 4 800 元，增值税税额为 624 元，并收到业务部门转来的进货退出单（结算联）011 号。

②8 日，储运部门转来进货退出单（出库联）011 号，将 30 台质量不符合要求的华生牌台扇退还厂方，并收到对方退还货款及增值税税额的转账支票 5 424 元，存入银行。

③22 日，储运部门转来收货单（入库联）235 号，向光辉灯具厂购进书写台灯 100 箱，每箱 205 元，已全部验收入库，结转台灯的采购成本。

④24 日，业务部门转来光辉灯具厂的更正增值税专用发票 248 号，更正本月 22 日发票错误，列明书写台灯每箱应为 202 元，应退货款为 300 元，增值税税额为 39 元。

⑤26 日，收到光辉灯具厂转账支票 1 张，金额为 339 元，系付退价款及增值税税额，转账支票已存入银行。

⑥29 日，业务部门转来大连自行车厂增值税专用发票，开列 28 式永久牌自行车 100 辆，每辆 270 元，共计货款 27 000 元，增值税税额为 3 510 元，并收到自行填制的收货单（结算联）236 号，款项尚未支付。

⑦30 日，业务部门转来大连自行车厂的更正增值税专用发票 371 号，更正本月发票错误，列明 28 式永久牌自行车每辆应为 272 元，补收货款 200 元，增值税税额于 26 日经审核无误，今连同前欠款项一并以转账支票付讫。

要求：编制相关会计分录。

任务 2　批发企业商品储存业务核算

批发企业商品储存业务核算

【做中学，学中做】

子任务 1　商品短缺的核算

北京妆蕾服装有限公司仓管人员在盘点商品过程中发现短缺 20 件女式西装，短缺货物价值 4 000 元（图 2-8）。

存货盘点报告表
2019 年 08 月 31 日

企业名称：北京妆蕾服装有限公司　　　　单位：元

存货类别	存货名称	计量单位	单价	数量账存	数量实存	盈余数量	盈余金额	亏短数量	亏短金额	盈亏原因
库存商品	女士西装	付	200.00	500	480			20	4000.00	

审核人：陈静　　监盘人：胡明　　盘点人：王乐乐

图 2-8

记 账 凭 证

记字 号		日期：		附单据 张
摘要	科目名称	借方金额	贷方金额	
合计				

记账　　　　　　　审核　　　　　　　出纳　　　　　　　　制单

图2-8（续）

后来，经调查，这批服装的丢失系由于仓管员李海泉保管不善，确定由李海泉承担损失（图2-9）。

存货盘点报告表
2019年 08月 31日

企业名称：北京妆蕾服装有限公司　　　　　　　　　　　　　　　单位：元

存货类别	存货名称	计量单位	单价	数量		盈余		亏短		盈亏原因
				账存	实存	数量	金额	数量	金额	
库存商品	女士西装	件	200.00	500	480			20	4000.00	仓管人员保管不善。

审核人：陈静　　　　　　监盘人：胡明　　　　　　盘点人：王乐乐

记 账 凭 证

记字 号		日期：		附单据 张
摘要	科目名称	借方金额	贷方金额	
合计				

记账　　　　　　　审核　　　　　　　出纳　　　　　　　　制单

图2-9

子任务2　商品溢余的核算

北京妆蕾服装有限公司在盘点商品时，发现多出一批男式西装10套（图2-10）。

批发业
商品存储

批准意见即冲减"管理费用"(图2-11)。

存货盘点报告表

2019年 08月 31日

企业名称: 北京妆蕾服装有限公司   单位: 元

存货类别	存货名称	计量单位	单价	数量		盈 余		亏 短		盈亏原因
				账存	实存	数量	金额	数量	金额	
库存商品	男士西装	件	240.00	800	810	10	2400.00			

审核人: 陈静   监盘人: 胡明   盘点人: 王乐乐

记 账 凭 证

记字   号   日期 :   附单据   张

	摘要	科目名称	借方金额	贷方金额
	合计			

记账   审核   出纳   制单

图 2 - 10

存货盘点报告表

2019年 08月 31日

企业名称: 北京妆蕾服装有限公司   单位: 元

存货类别	存货名称	计量单位	单价	数量		盈 余		亏 短		盈亏原因
				账存	实存	数量	金额	数量	金额	
库存商品	男士西装	件	240.00	800	810	10	2400.00			查明原因, 用以冲减管理费用。

审核人: 陈静   监盘人: 胡明   盘点人: 王乐乐

记 账 凭 证

记字   号   日期 :   附单据   张

	摘要	科目名称	借方金额	贷方金额
	合计			

记账   审核   出纳   制单

图 2 - 11

子任务3　商品削价的核算

商品削价指进货时价格高，而在销售时价格下降，或者由于款式过时，为了促销不得不降价处理的一种方式。

北京妆蕾服装有限公司削价出售全部已陈旧的男式皮鞋。这批皮鞋原价为180元，按照165元的价格出售（图2-12）。

商品削价报告单

编制单位：北京妆蕾服装有限公司 2019年08月05日

品名	单位	数量	进价（不含税价）	新销售价（不含税价）	削价原因
男士皮鞋	双	20	180	165	样式陈旧

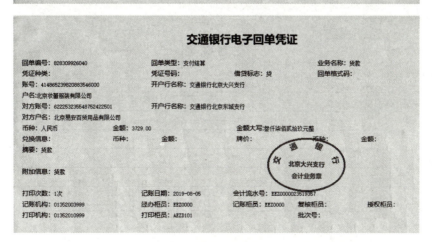

图2-12

记 账 凭 证

记字　　号		日期：		附单据　　张	
摘要		科目名称		借方金额	贷方金额
合计					
记账		审核	出纳		制单

图 2 – 12（续）

根据商品成本计算单和出库单，按照进货时的成本 180 元结转成本（图 2 – 13）。

商品成本计算单

北京妆蕾服装有限公司　　2019年08月05日

品名	单位	数量	单位成本（元）	金额（元）
男式皮鞋	双	20	180.00	3600.00
合计				￥3,600.00

出 库 单

出货单位：北京妆蕾服装有限公司　　　2019年08月05日　　　单号：000036

提货单位或领货部门	北京易安百货用品有限公司		销售单号	001389	发出仓库	总仓	出库日期	2019-08-05
编号	名称及规格		单位	数量 应发	数量 实发	单价	金额	会计联
Q019	男式皮鞋		双	20	20			
合　计			--	--	--	--		

部门经理：何立新　　会计：谢丽霞　　仓库：郜拍韦　　经办人：钱小伟

记 账 凭 证

记字　　号		日期：		附单据　　张	
摘要		科目名称		借方金额	贷方金额
合计					
记账		审核	出纳		制单

图 2 – 13

子任务 4 商品销售成本计算与结转

批发企业采用定期结转，一般为按月结转。结转方法有分散结转和集中结转两种。所谓分散结转，是按照每一商品明细账户计算出已销售商品成本，并编制记账凭证，逐户结转，然后逐户汇总。所谓集中结转，是平日在库存商品明细账上只登记销售商品的数量，期末结转已销售商品成本时，根据确定的库存商品单价，在明细账中计算出每种商品的结存金额，然后按类或者全部商品汇总计算出大类或全部商品的期末结存金额，再根据类目账和总账资料倒挤出大类或全面销售商品的成本，并在总账或类目账上结转。商品销售成本计算的方法有很多，例如在财务会计课程中已经学习过的个别计价法、加权平均法、移动加权平均法、先进先出法。商品销售成本计算方法一经确定，不得随意变更，以保持会计信息的可比性。在这里重点介绍毛利率法。

毛利率法是根据本月实际商品销售收入净额和本季计划或上季实际毛利率，先计算本月商品销售毛利，再据以计算本月商品销售成本的方法。

计算公式为：

$$销售毛利 = 销售净额 \times 毛利率$$
$$销售净额 = 商品销售收入 - 销售退回与折让$$
$$销售成本 = 销售净额 - 销售毛利$$
$$期末结存存货成本 = 期初结存存货成本 + 本期购货成本 - 本期销售成本$$

北京妆蕾服装有限公司若采用毛利率法计算商品的销售成本，则根据资料，计算本月商品销售总成本（上季度毛利率为34%）（图2-14）。

儿童帽存货明细账

金额单位：元

日期	摘要	收入			发出			结存		
		数量	单位成本	总成本	数量	单位成本	总成本	数量	单位成本	总成本
12月1日	期初余额							500	10.00	5000.00
12月5日	购入	200	10.20	2040.00						
12月8日	购入	300	10.10	3030.00						
12月10日	发出				800					
12月15日	购入	500	10.00	5000.00						
12月25日	发出				400					

商品销售成本计算表

制表日期：2018年12月31日　　　　　　　　　　　　单位：元

产品名称	儿童帽
期初存货成本	
本期购入存货成本	
本期可供销售存货成本	
本期销售收入	18180.00
减：估计毛利	
本期估计销售成本	
估计的期末存货成本	

图2-14

根据销售成本结转已销产品成本（图2-15）。

记 账 凭 证

记字 号		日期：		附单据 张
摘要	科目名称		借方金额	贷方金额
合计				

记账　　　　　审核　　　　　出纳　　　　　制单

图 2 – 15

【小结】

（一）商品盘点短缺和溢余

1. 盘点短缺

（1）发现短缺（查明原因）。

借：待处理财产损溢

　　贷：库存商品

　　　　应交税费——应交增值税（进项税额转出）

（2）批准后的账务处理。

借：相关科目

　　贷：待处理财产损溢

2. 盘点溢余

（1）发现溢余（查明原因）。

借：库存商品

　　贷：待处理财产损溢

（2）批准后的账务处理。

借：待处理财产损溢

　　贷：管理费用

【巩固提升】

1. 批发企业商品盘点发生短缺时，经查明属于自然损耗的，经批准可以计入（　　）。

A. 管理费用　　　　　B. 待处理财产损溢　　C. 营业外支出　　　　D. 销售费用

2. 购进商品发生短缺时，查明原因后，是定额内损耗，则应计入（　　）。

A. 销售费用　　　　　B. 其他应收款　　　　C. 营业外支出　　　　D. 不作处理

3. 按《企业会计准则》的规定，企业计算发出商品成本，可采用的计算方法有（　　）。

A. 个别计价法　　　　B. 加权平均法　　　　C. 毛利率法　　　　　D. 先进先出法

4. 批发企业商品盘点缺溢和存货联价准备的核算。

（1）商品盘点缺溢的核算。

①24 日，储运部门送来库存盘点短缺溢余报告单（表 2 – 1）。

表 2-1   库存盘点短缺溢余报告单

品名	计量单位	单价/元	账存数量	实存数量	短缺数量	金额/元	溢余数量	金额/元	原因
裕华硼酸浴皂	块	8	2 256	2 253	3	24	100	1 200	待查
扇牌檀香皂	块	12	1 775	1 875					待查
白丽美容皂	块	16	3 692	3 672	20	320			待查
樟脑丸	千克	15	4 217	4 215	2	30			待查
合计						374		1 200	

②27 日，查明裕华硼酸浴皂短缺系保管人员责任，决定由保管人员赔偿，赔偿款尚未收到。

③28 日，查明扇牌檀香皂溢余是由于大连制皂厂多发，作为商品购进，现厂方补来增值税专用发票，列明货款为 1 200 元，增值税税额为 156 元，款项尚未支付。

④30 日，查明白丽美容皂短缺的原因是销货时多发给华联商厦，补作销货，已开出增值税专用发票，列明货款为 360 元，增值税税额为 46.80 元，款项尚未收到。

⑤31 日，查明樟脑丸短缺系自然挥发所致，作商品损耗处理。

（2）存货跌价准备的核算。

大连百货公司 2019 年 10 月 31 日"存货跌价准备"账户余额为 1 450 元。该企业采用月末定期结转商品销售成本的方法，在 11 月、12 月发生下列有关经济业务。

①11 月 4 日，削价销售因式样陈旧而滞销的快乐牌收录机 10 台，每台 356 元，共计货款 3 560 元，增值税税额为 462.80 元，收到转账支票后存入银行，该收录机每台进价为 376 元，用存货跌价准备金弥补削价损失。

②11 月 16 日，削价销售因式样陈旧而滞销的大连牌收录机 20 台，每台 400 元，共计货款 8 000 元，增值税税额为 1 040 元，收到转账支票后存入银行，该收录机每台进价为 420 元，用存货跌价准备金弥补削价损失。

③11 月 30 日，按"库存商品"账户余额 300 000 元的 3‰计提存货跌价准备金。

④11 月 30 日，结转本月收录机类的商品销售成本。

⑤11 月 30 日，将损益类账户结转至"本年利润"账户。

⑥12 月 15 日，削价销售因式样陈旧而滞销的凯歌牌收录机 25 台，每台 410 元，共计货款 10 250 元，增值税税额为 1 332.50 元，收到转账支票后存入银行，该收录机每台进价为 425 元，用存货跌价准备金弥补削价损失。

⑦12 月 31 日，按"库存商品"账户余额 265 000 元的 3‰计提存货跌价准备金。

⑧12 月 31 日，结转本月收录机类的商品销售成本。

⑨12 月 31 日，将损益类账户结转至"本年利润"账户。

要求如下。

（1）编制相关会计分录。

（2）开设并登记存货跌价准备、主营业务收入和主营业务成本总分类账。

任务3　批发企业商品销售业务核算

【做中学，学中做】

批发企业商品销售
业务核算

子任务1　直运销售的核算

　　直运商品销售是指企业购进商品后，不经过本企业仓库储备，直接从供货单位发运给购货单位的一种销售方式。在该方式下，商品不通过购销企业仓库的储存环节，因此，可以不通过"库存商品"账户，而直接在"在途物资"账户核算。

　　2019年8月5日，北京威莫家电批发有限公司向北京易安百货用品有限公司订购空调200台，直运给上海佳佳日用品有限公司。6日，货物送达上海佳佳日用品有限公司，货款尚未收到（图2-16）。

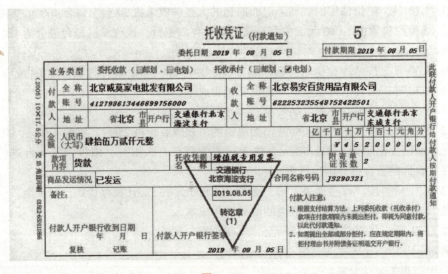

图2-16

记 账 凭 证

记字 号		日期：		附单据 张	
摘要	科目名称		借方金额	贷方金额	
合计					
记账	审核	出纳		制单	

图 2 – 16（续）

6 日销售给上海佳佳日用品有限公司，确认收入处理（图 2 – 17）。

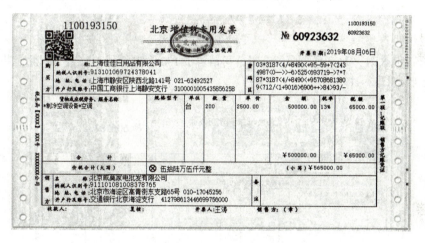

商品成本计算单

北京威莫家电批发有限公司 2019年08月06日

品名	单位	数量	单位成本（元）	金额（元）
空调	台	200	2000.00	400000.00
合计				￥400,000.00

记 账 凭 证

记字 号		日期：		附单据 张	
摘要	科目名称		借方金额	贷方金额	
合计					
记账	审核	出纳		制单	

图 2 – 17

按照进价进行成本结转处理（图2-18）。

记账凭证

记字 号		日期：		附单据 张
摘要	科目名称		借方金额	贷方金额
合计				
记账	审核	出纳		制单

图2-18

子任务2 销售退回的核算

2019年7月8日，北京鑫鑫商贸有限公司销售了100台电饭煲，每台280元，共计28 000元，款项已收（图2-19）。

图2-19

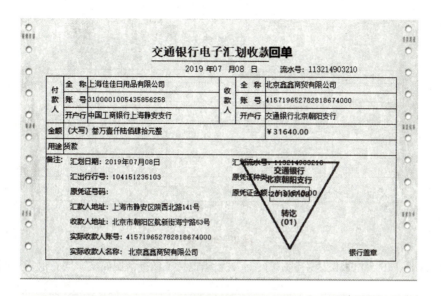

图 2 – 19（续）

当日，结转销售成本（图 2 – 20）。

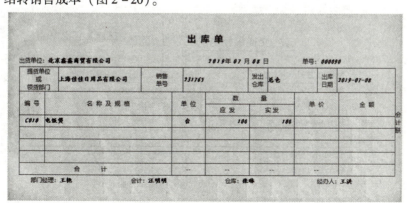

图 2 – 20

记 账 凭 证

记字 号		日期：		附单据 张
摘要	科目名称		借方金额	贷方金额
合计				
记账	审核	出纳		制单

图 2 - 20 （续）

7月28日，10台电饭煲因质量不符，买方请求退货，经查情况属实，同意退货（图2-21）。

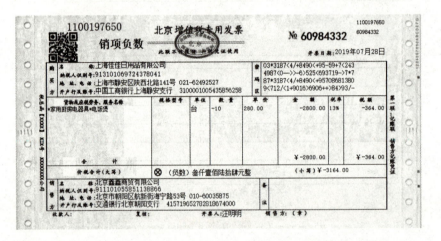

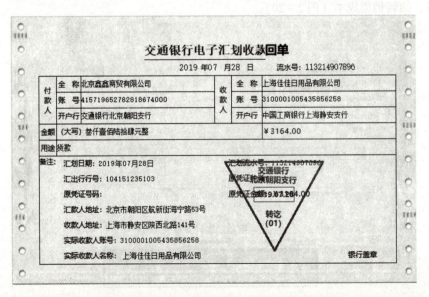

图 2 - 21

记 账 凭 证

记字 号		日期：		附单据 张
摘要	科目名称		借方金额	贷方金额
合计				
记账	审核	出纳	制单	

图 2－21（续）

当日，退回商品入库，冲销已确认销售成本（图 2－22）。

商品成本计算单

北京鑫鑫商贸有限公司　　　2019年07月28日

品名	单位	数量	单位成本（元）	金额（元）
电饭煲	台	-10	200.00	-2000.00
合计				¥ -2,000.00

退货单

供应商：上海佳佳日用品有限公司　　地址和电话：上海市静安区陕西北路141号 021-62492527　　单据编号： 231765

纳税识别号： 913101069724378041　　开户行及账号：中国工商银行上海静安支行 3100001005436856258　　制单日期：2019年07月28日

编码	材料 名 称	规 格	单位	单 价	数量	金 额	备 注
C010	电饭煲		台	200.00	10	2000.00	不含税价
							会计联
合计	（人民币）大写：贰仟元整					¥2000.00	
退货原因	质量不符						
部门主管：王艳　　品质检验员：吕燕　　会计：汪明明　　经手人：黄小萍							

记 账 凭 证

记字 号		日期：		附单据 张
摘要	科目名称		借方金额	贷方金额
合计				
记账	审核	出纳	制单	

图 2－22

子任务3　网络销售的核算

批发业
商品销售

　　2019 年 7 月 6 日，北京鑫鑫商贸有限公司发出网上销售商品，并承担销售该批商品的运费。7 月 9 日，买家确认收货，北京鑫鑫商贸有限公司确认收入，并于当日结转销售成本。收到货款后，还需给宝来网支付服务费（按含税销售额的 3% 收取网络服务费）。

　　（1）7 月 6 日，发出 300 个保温杯，一个 60 元，共计 18 000 元（图 2-23）。

出库单

出货单位：北京鑫鑫商贸有限公司　　　　　2019 年 07 月 06 日　　　单号：000317

提货单位或领货部门	上海宝龙实业有限公司	销售单号	000862	发出仓库	总仓	出库日期	2019 年 07 月 06 日

编号	名称及规格	单位	数量 应发	数量 实发	单价	金额
H009	保温杯	个	300	300	60.00	18000.00
合　计						￥18000.00

部门经理：王艳　　　　会计：汪明明　　　　仓库：张峰　　　　经办人：王洪

记账凭证

记字　号	日期		附单据　　张	
摘要	科目名称	借方金额	贷方金额	
合计				

记账　　　　　审核　　　　　出纳　　　　　制单

图 2-23

　　（2）承担销售该批商品的运费（图 2-24）。

图 2-24

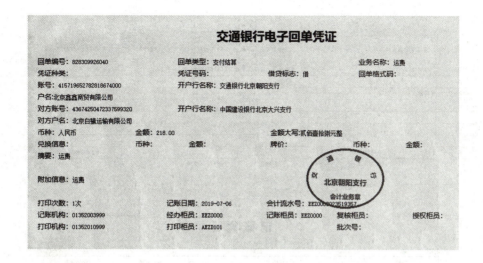

图 2-24（续）

（3）7月9日，确认收入（图2-25）。

图 2-25

销售单

购货单位:	上海宝龙实业有限公司		地址和电话:	上海市静安区物华路300号 021-7683×4×2		单据编号:	344356

纳税识别号:	91310109674322186		开户行及账号:	交通银行上海静安支行 14020084798247981999Z		制单日期:	2019年07月09日

编码	产品名称	规格	单位	单价	数量	金额	备注
H009	保温杯		个	80.00	300	24000.00	不含税价
合计	人民币（大写）：贰万肆仟元整				—	¥24000.00	

销售经理：王艳　　　经手人：费小萍　　　会计：汪明明　　　签收人：赵本山

记 账 凭 证

记字 号		日期：		附单据 张
摘要	科目名称		借方金额	贷方金额
合计				

记账　　　审核　　　出纳　　　制单

图 2 - 25（续）

（4）结转成本（图 2 - 26）。

商品成本计算单

北京鑫鑫商贸有限公司　　　2019年07月09日

品名	单位	数量	单位成本（元）	金额（元）
保温杯	个	300	60.00	18000.00
合计				¥18,000.00

出 库 单

出货单位：北京鑫鑫商贸有限公司　　　2019年07月06日　　　单号：000117

提货单位或领货部门	上海宝龙实业有限公司	销售单号	000862	发出仓库	总仓	出库日期	2019年07月06日

编号	名称及规格	单位	数量 应发	数量 实发	单价	金额
H009	保温杯	个	300	300	60.00	18000.00
合 计		--	--	--	--	¥18000.00

部门经理：王艳　　　会计：汪明明　　　仓库：张琳　　　经办人：王洪

图 2 - 26

记 账 凭 证

记字 号		日期:		附单据 张	
摘要	科目名称		借方金额	贷方金额	
合计					

记账	审核	出纳	制单

图 2－26（续）

（5）收到货款并扣除网络服务费（图 2－27）。

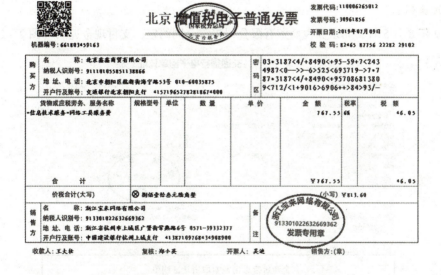

图 2－27

图 2 – 27（续）

子任务 4　返利销售的核算

为了刺激消费，增加销售量，商家经常会运用返利销售的手段，有返现金的，也有返实物的。

1. 现金返利

2019 年 8 月 5 日，北京俪悦商贸有限公司根据合同约定，支付现金返利（图 2 – 28）。

图 2 – 28

记账凭证

记字 号		日期：		附单据 张
摘要	科目名称		借方金额	贷方金额
合计				
记账	审核	出纳		制单

图 2-28（续）

2. 实物返利

所谓实物返利，可以理解为买多少送多少。

2019 年 8 月 25 日，北京妆蕾服装有限公司根据合同约定，返还实物返利（图 2-29）。

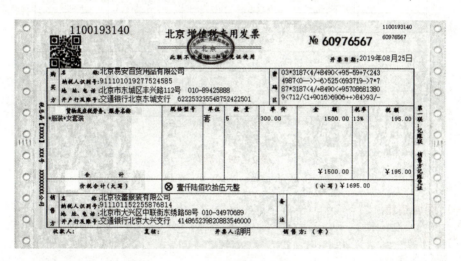

图 2-29

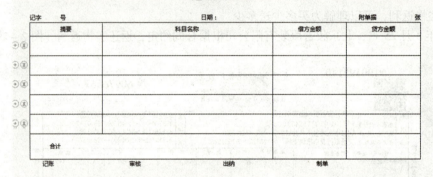

出 库 单

出货单位：北京妆香服装有限公司　　　　　2019年08月25日　　　　单号：132101

提货单位或领货部门	北京易安百货用品有限公司	销售单号		发出仓库	总仓	出库日期	2019年08月25日
编号	名称及规格	单位	应发	实发	单价	金额	
002	女套装	套	5	5			
	合　计	--	--	--	--	--	

部门经理：李建军　　　　会计：胡明　　　　仓库：谢啉啉　　　　经办人：司马铢

（会计联）

记 账 凭 证

记字　号　　　　　　日期：　　　　　　　　附单据　　张

摘要	科目名称	借方金额	贷方金额
合计			

记账　　　　审核　　　　出纳　　　　制单

图 2 – 29（续）

【小结】

（一）同城销售

1. 收到货款

借：银行存款

　　贷：主营业务收入

　　　　应交税费——应交增值税（销项税额）

2. 预收货款

（1）预收货款。

借：银行存款

　　贷：预收账款

（2）确认收入。

借：银行存款

　　预收账款

　　贷：主营业务收入

　　　　应交税费——应交增值税（销项税额）

（二）异地销售

1. 委托收款

（1）发出商品，委托银行收款，并代垫运费。

借：应收账款

　　贷：主营业务收入

　　　　应交税费——应交增值税（销项税额）

　　　　银行存款等相关科目

（2）收到货款。

借：银行存款

　　贷：应收账款

2. 收承兑汇票

（1）销售商品收到承兑汇票。

借：应收票据

　　贷：主营业务收入

　　　　应交税费——应交增值税（销项税额）

（2）票据到期收款。

借：银行存款

　　贷：应收票据

（三）直运商品销售

1. 采购商品

借：在途物资

　　应交税费——应交增值税（进项税额）

　　贷：银行存款等相关科目

2. 确认收入

借：银行存款等相关科目

　　贷：主营业务收入

　　　　应交税费——应交增值税（销项税额）

3. 结转销售成本

借：主营业务成本

　　贷：在途物资

【巩固提升】

1. 直运商品销售的突出特点是商品由供货单位直接运达购货单位，在账务处理上不使用（　　）账户。

A. "商品采购"　　　　　　　　B. "库存商品"

C. "销售费用"　　　　　　　　D. "主营业务成本"

2. 对批发商品销售的核算，应设置的账户有（　　）。

A. "主营业务收入"　　　　　　B. "应交税费——应交增值税（进）"

C. "应交税费——应交增值税（销）"　　D. "主营业务成本"

3. 仓库商品销售和直运商品销售都属于商品销售，因此在核算上没有什么不同。（　　）

A. 对　　　　　　　　　　B. 错

4. 批发企业直运商品销售的核算。

大连百货公司在 2020 年 4 月发生下列经济业务。

（1）8 日，银行转来杭州造纸厂托收凭证，附增值税专用发票（发票联）11 号，开列白板纸 200 令，每令 250 元，共计货款 5 000 元，增值税税额为 6 500 元，该商品已直接通过铁路运给广州百货公司，杭州至广州的运费为 250 元。经审核与合同相符，当即承付。

（2）10 日，收到本公司驻杭州造纸厂采购员寄来的增值税专用发票（记账联）282 号，商品已发往广州，该白板纸销售单价为每令 351 元，共计货款 70 200 元，增值税税额为 9 126 元，当即连同垫付的 250 元运费，一并向银行办妥托收手续。

（3）16 日，银行转来购货单位承付货款的收账通知，其中，天津百货公司 54 720 元，青岛百货公司 42 360 元。

（4）23 日，银行转来杭州造纸厂托收凭证，附增值税专用发票（发票联）142 号，开到白板纸 250 令，每令 220 元，共计货款 55 00 元增值税税额为 7 150 元。该商品已直接发往西安百货公司。杭州至西安的运费为 0 元。经审核与合同相符，予以承付，根据合同规定，运费由本企业负担 10%，由购货方负担 90%。

要求：编制相关会计分录。

子项目二　零售企业会计核算

零售业购进 1

【知识储备】

人们将经营零售业务的商业企业统称为零售企业，例如百货商店、超级市场、大型综合超市、购物中心、专卖店等，其许多会计业务处理与制造业基本一致或类似。在这里专门介绍零售企业的特殊会计核算内容，包括一般零售企业使用的售价金额核算方法，经营菜、果、鱼、肉等鲜活商品的零售企业使用的进价金额核算法等。

一、零售企业经营的特点

零售企业从批发企业或生产单位购进商品，再按零售价格出售给消费者，其经营活动及管理活动主要有以下特点。

（1）业务复杂。柜台、柜组、销售区设置多，品种规格复杂，进货频繁。

（2）销售工作量大。售货交易频繁，数量零星，交易额小，服务时间较长。

（3）销售手续适应性强。对机关团体销售必须开具销售发票，贵重商品销售必须开具销售发票。至于一般小额商品销售，个人消费者没有索要销售发票时，销售手续可以适当简化。

（4）收款制度针对性强。有的采取一手交钱，一手交货的收款方式，有的采取多个收银台收款方式，有的采取集中收款方式。

（5）经营服务一体化。有的以一业为主，并提供售后服务；有的实行多种经营，兼营批发、以卖带修、以卖带租。

二、存货核算方法

零售商品流转包括：商品购进、商品销售和商品储存三个环节。零售企业大多采用售价金额核算法，经营鲜活商品的零售企业采用进价金额核算法。

（一）售价金额核算法

售价金额核算法亦称"拨货计价，实物负责制"。它是以售价金额核算与控制各实物责任人经管商品的进、销、存情况的方法。

售价金额核算法的特点如下。

（1）建立实物负责制。企业将所经营的全部商品按品种、类别及管理的需要划分为若干实物负责小组，确定实物责任人，实行实物负责制度。实物责任人对其所经营的商品负全部经济责任。

（2）售价记账，金额控制。库存商品总账和明细账都按商品的销售价格记账，库存商品明细账按实物责任人或小组分户，只记售价金额，不记实物数量。

（3）设置"商品进销差价"科目。由于库存商品按售价记账，对于库存商品售价与进价的差额应设置"商品进销差价"科目来核算，并在期末计算和分摊已售商品的进销差价。

（4）定期实地盘点商品。实行售价金额核算必须加强商品的实地盘点制度，通过实地盘点，对库存商品的数量及价值进行核算，并对实物和责任人履行经济责任的情况进行检查。

售价金额核算法的优、缺点如下。

（1）优点：将按繁多的商品品名设置的库存商品明细账改为按实物责任人设置明细账，简化了销货手续和记账工作量，既方便了顾客，又可以提高劳动效率和服务质量。

（2）缺点：账面上不能提供各种商品的进销存数量，不便于确定商品溢缺和货款长短的性质和原因。

（二）进价金额核算法

进价金额核算法亦称"进价记账，盘存计销法""进价核算．实物盘点法"。它是以进价金额核算与控制各实物责任人经管商品的进、销、存情况的方法。

进价金额核算法的特点如下。

（1）商品购进时，库存商品明细账只记进价金额，不记数量。

（2）商品销售时，按实际取得的销售收入，贷记"主营业务收入"账户，平时不结转商品销售成本。

（3）期末进行实地盘点，查明实存数量，用最后进价法计算期末库存余额，并结转商品销售成本。

进价金额核算法的优、缺点如下。

（1）优点：简化了核算的手续，核算工作量相对较小。

（2）缺点：不能随时反映商品的进、销、存数量，平时对商品经营中出现的问题也不易随时发现和处理。

任务 1　零售企业商品购进业务核算

【做中学，学中做】

子任务 1　售价金额核算法的应用

2019 年 6 月 3 日，北京鑫鑫商贸有限公司购入商品，收到发票，货物未到（因运费金额较小，在发生时直接计入当期销售费用）（图 2–30）

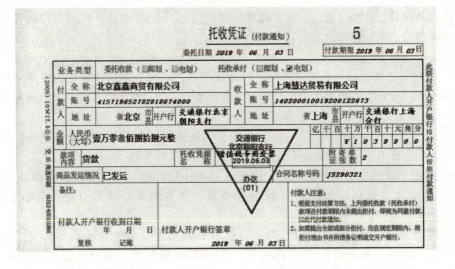

图 2－30

记 账 凭 证

记字   号   日期：   附单据   张

摘要	科目名称	借方金额	贷方金额
合计			

记账   审核   出纳   制单

图 2 - 30 （续）

2019 年 6 月 4 日，购入的商品入库。进价为 9 000 元，零售价为 14 000 元，二者之差就是商品进销差价 5 000 元（图 2 - 31）。

收 货 单 N.o 0028501

物资类别	库存商品							连续号 421203		

2019年 06 月 04 日

| 收货部门 | 鞋柜 | | | | 供货单位 | 上海慧达贸易有限公司 | | | |

编号	名称及规格	单位	数量交库	实收	购进价格单价	金额	零售价格单价	金额	进销差价
003	运动鞋	双	100	100	90.00	9000.00	140.00	14000.00	5000.00
合计						¥9000.00		¥14000.00	¥5000.00

（三）记账联

财务部门主管 李开平 记账   保管部门主管   验收 陈晓娟   单位部门主管   缴库

记 账 凭 证

记字   号   日期：   附单据   张

摘要	科目名称	借方金额	贷方金额
合计			

记账   审核   出纳   制单

图 2 - 31

子任务 2　购进商品短缺的核算

（1）2019 年 6 月 20 日，北京妆蕾服装有限公司购入商品一批。买价为 5 000 元，税费为 650 元，款项未付，也没有入库单（图 2 - 32）。

零售业购进 2

记账凭证

记字　　号	日期：		附单据　　张	
摘要	科目名称		借方金额	贷方金额
合计				
记账	审核	出纳		制单

图 2－32

（2）2019 年 6 月 25 日，商品入库，入库时发现少了 5 双运动鞋（图 2－33）。

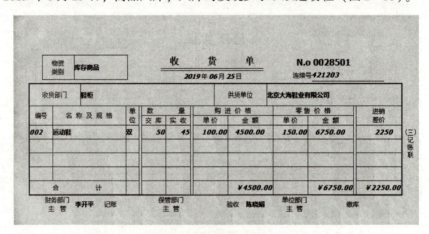

图 2－33

记 账 凭 证

记字　　　号		日期：			附单据　　张
摘要		科目名称		借方金额	贷方金额
合计					
记账	审核		出纳		制单

图 2 - 33（续）

（3）2019 年 6 月 27 日，经查短缺商品系因对方少发，经联系后，对方开具了红字专用发票，做退货处理（图 2 - 34）。

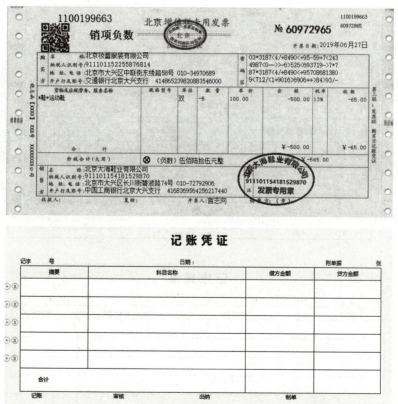

记 账 凭 证

记字　　　号		日期：			附单据　　张
摘要		科目名称		借方金额	贷方金额
合计					
记账	审核		出纳		制单

图 2 - 34

（4）2019 年 6 月 27 日，出具商品短缺批准意见，对方开具红字发票（图 2 - 35）。

商品盘点短缺溢余报告单

制表日期：2019年06月25日　　　　　　　　　　　　　　　　单位：元

品名	单位	购进数量	实收数量	单位进价	单位售价	短缺数量	短缺金额	处理意见
运动鞋	双	50	45	100.00	150.00	5	750.00	对方开具红字发票
合计							￥750.00	

图 2 - 35

记 账 凭 证

记字 号	日期：			附单据 张
摘要	科目名称	借方金额	贷方金额	
合计				

记账　　　　　　审核　　　　　　出纳　　　　　　制单

图 2-35（续）

（5）2019 年 6 月 27 日，支付货款（图 2-36）。

托收凭证（付款通知）　　5

委托日期 2019 年 06 月 27 日　　付款期限 2019 年 06 月 27 日

业务类型	委托收款（□邮划、☑电划）		托收承付（□邮划、□电划）	
付款人	全称	北京妆蕾服装有限公司	全称	北京大海鞋业有限公司
	账号	41436523982093546000	账号	4168369564256217440
	地址	省北京 市县 开户行 交通银行北京大兴支行	地址	省北京 市县 开户行 中国工商银行北京大兴支行

金额 人民币（大写）伍仟零捌拾伍元整　　交通银行北京大兴支行 2019.06.27　转讫（01）　　¥ 5 0 8 5 0 0

款项内容 货款　　托收凭据名称 增值税专用发票　　附寄单证张数 1

商品发运情况 已发运　　合同名称号码 JS290112

付款人开户银行收到日期　年　月　日　　付款人开户银行签章 2019 年 06 月 27 日

复核　　记账

付款人注意：
1. 根据支付结算方法，上列委托收款（托收承付）款项在付款期限内未提出拒付，即视为同意付款，以此代付款通知。
2. 如需提出全部或部分拒付，应在规定期限内，将拒付理由书并附债务证明送交开户银行。

记 账 凭 证

记字 号	日期：			附单据 张
摘要	科目名称	借方金额	贷方金额	
合计				

记账　　　　　　审核　　　　　　出纳　　　　　　制单

图 2-36

子任务 3　购进商品溢余的核算

（1）2019 年 6 月 26 日，北京锄禾农副食品有限公司购进一批白砂糖（图 2-37）。

商品盘点短缺溢余报告单

制表日期：2019年06月26日　　　　　　　　　　　　　　　　　　　单位：元

品名	单位	购进数量	实收数量	单位进价	单位售价	溢余数量	溢余金额	处理意见
白砂糖	千克	5000	5010	6.00	8.00	10	80.00	
合计							￥80.00	

收 货 单　N.o 0028501

2019年 06月 26日　　连续号 421205

物资类别	库存商品									
收货部门	食品柜			供货单位	北京凯利商贸有限公司					

编号	名 称 及 规 格	单位	数量 交库	数量 实收	购进价格 单价	购进价格 金额	零售价格 单价	零售价格 金额	进销差价
002	白砂糖	千克	5000	5010	6.00	30060.00	8.00	40080.00	10020.00
	合　　计					￥30060.00		￥40080.00	￥10020.00

财务部门主管 李开平　记账　　保管部门主管　　验收 陈晓娟　　单位部门主管　　缴库

记 账 凭 证

记字　　　号　　　　　　　　　日期：　　　　　　　　　附单据　　　张

摘要	科目名称	借方金额	贷方金额
合计			

记账　　　　审核　　　　出纳　　　　制单

图 2 - 37

（2）批准意见为对方多发，不开发票，做购进处理（图2-38）。

商品盘点短缺溢余报告单

制表日期：2019年06月26日　　　　　　　　　　　　　　　单位：元

品名	单位	购进数量	实收数量	单位进价	单位售价	溢余数量	溢余金额	处理意见
白砂糖	千克	5000	5010	6.00	8.00	10	80.00	对方多发，补开发票
合计							￥80.00	

记账凭证

记字　　　　号　　　　　　　　　　日期：　　　　　　　　　　附单据　　　　张

摘要	科目名称	借方金额	贷方金额
合计			

记账　　　　　　审核　　　　　　出纳　　　　　　制单

图2-38

子任务4　进货退补价的核算

企业在购进商品后，有时会出现由于供货方计价错误、错发商品品种、错发商品等级或发货时按暂估价结算等原因，而发生进货退补价的情形。发生进货退补价业务时，购货方应根据供货方填制的增值税专用发票及销货更正单，进行账务处理。如果只更正购进价格，没有影响商品销售价格，那么，核算时只调整"商品进销差价"或"主营业务成本"账户，而不调整"库存商品"账户。如果购进价格和零售价格同时更正，则其核算方法与只更正购进价格的核算方法相同，同时还要增加或减少库存商品的售价金额和进价成本。

2019年12月19日，北京俪悦商贸有限公司收到已入库商品的调价发票（图2-39）。

商品进销差价调整表

制表日期：2019年12月20日　　　　　　　　　　　　单位：元

品名	单位	数量	调整前差价	调整后差价	差价	总金额
女套装	套	100	200.00	195.00	-5.00	-500.00
合计	—	—	—	—	—	¥ -500.00

记账凭证

记字　　号　　　　　　　　　　　　日期：　　　　　　　　　　　　　　附单据　　　　张

摘要	科目名称	借方金额	贷方金额
合计			

记账　　　　　　　审核　　　　　　　出纳　　　　　　　制单

图 2-39

子任务5　鲜活商品的购进核算

零售企业除了经营工业品、服装等，也经营蔬菜、瓜果、禽、蛋、肉、海产品等鲜活商品。

零售业购进 3

鲜活商品的特点如下。

第一，需要经过清洗整理，分等分级，按质论价；

第二，价格变动比较频繁，早、晚时价不同；

第三，交易频繁，且数量零星；

第四，季节性强，容易腐烂变质，不易保管。

因此，基于鲜活商品的特点，一般采用进价金额核算法。

例如，2020年12月4日，某超市从水果专业合作社购进苹果5 000千克，单价为5元/千克，购进梨6 000千克，单价为6元/千克，货款已付，商品尚未验收入库。鲜活商品大多属于农产品，应按照9%扣除率计算进项税额（图2-40）。

记账凭证

摘要	科目名称	借方金额	贷方金额
合计			

记字　　号　　　　　　　　　日期：　　　　　　　　　　　　附单据　　张

记账　　　　审核　　　　出纳　　　　制单

图 2-40

【小结】

(一) 同城购入

1. 收票据、付款、入库同时进行

借：库存商品
　　应交税费——应交增值税（进项税额）
　　销售费用（在有运费的情况下）
　　　贷：银行存款
　　　　　商品进销差价

2. 收票据、付款同时进行，入库不同时进行

(1) 收到票据，付款。

借：在途物资
　　应交税费——应交增值税（进项税额）
　　销售费用（在有运费的情况下）
　　　贷：银行存款

(2) 入库。

借：库存商品
　　货：在途物资
　　　　商品进销差价

3. 收票据、入库同时进行，付款不同时进行

(1) 收到票据并入库。

借：库存商品
　　应交税费——应交增值税（进项税额）
　　销售费用（在有运费的情况下）
　　　贷：应付账款
　　　　　商品进销差价

(2) 支付货款。

借：应付账款
　　　贷：银行存款

4. 收票据、入库同时进行，采用商业汇票形式结算

(1) 收到票据并入库。

借：库存商品
 　应交税费——应交增值税（进项税额）
 　销售费用（在有运费的情况下）
 　贷：应付票据
 　　商品进销差价

（2）汇票到期。

借：应付票据
 　贷：银行存款

（二）异地购入

1. 票据先到，商品后到

（1）收到票据。

借：在途物资
 　应交税费——应交增值税（进项税额）
 　销售费用（在有运费的情况下）
 　贷：银行存款

（2）商品入库。

借：库存商品
 　贷：在途物资
 　　商品进销差价

2. 票据、商品同时到达

借：库存商品
 　应交税费——应交增值税（进项税额）
 　销售费用（在有运费的情况下）
 　贷：银行存款
 　　商品进销差价

3. 月底暂估入库

（1）月底暂估。

借：库存商品
 　贷：应付账款—暂估应付款商品进销差价

（2）月初冲红。

借：库存商品（红字）
 　贷：应付账款——暂估应付款（红字）
 　　商品进销差价（红字）

（3）收到票据。

借：库存商品
 　应交税费——应交增值税（进项税额）
 　销售费用（在有运费的情况下）
 　贷：银行存款
 　　商品进销差价

【巩固提升】

1. 零售企业采用售价金额核算法时，（　　　）账户是按进价核算的。

A. "库存商品"　　　　B. "主营业务收入"　　C. "在途物资"　　　　D. "商品进销差价"

2. 零售企业购进退补价业务，如只更正购进价格，则在核算上应调整的账户是（　　）。

A. "库存商品"　　　　　B. "商品进销差价"　　C. "主营业务收入"　　D. "本年利润"

3. 零售企业商品调价核算时，需调整（　　）账户。

A. "库存商品"　　　　　B. "在途物资"　　　　C. "商品进销差价"　　D. "应交税费"

4. 零售商业使用的核算方法主要包括（　　）。

A. 进价金额核算法　　　　　　　　　B. 数量售价金额核算法

C. 售价金额核算法　　　　　　　　　D. 成本核算法

E. 数量进价金额核算法

5. 在进货过程中，商品货物性质、购销地点及运输条件等不同，商品货物的交接方式也不同，可以选择的货物交接方式有（　　）。

A. 提货制　　　　　B. 购货制　　　　　C. 送货制　　　　　D. 发货制

E. 权责发生制

6. 零售企业经营的特点主要在于（　　）。

A. 商品品种繁多，规格复杂，进货频繁，实行综合经营

B. 销售对象主要是个人消费者，交易频繁，数量零星，交易额小

C. 经营灵活，购销关系不稳定

D. 实行进价金额核算

7. 售价金额核算法也称为"售价记账，实物负责制"。它是零售商品流转核算与零售商品责任管理相结合的方法。其基本内容包括（　　）。

A. 建立实物负责制　　　　　　　　　B. 售价记账，金额控制

C. 使用"商品进销差价"账户　　　　D. 实行零库存管理

E. 加强盘点和物价管理

8. 某零售企业从外地采购一批商品，增值税专用发票上载明其买价为 7 000 元，进项税为 1 190 元，货税款合计 8 190 元，进货运杂费为 130 元，商品含税零售价为 11 000 元，增值税税率为 17%。要求：做出该零售企业采购业务相关的会计分录。

9. 智胜手机专卖店购某种型号手机 50 部，手机进货单价为 800 元，购进货款共计 40 000 元。进项税额为 6 800 元。开出 46 800 元转账支票将款项付讫。经营部送来该型手机价格标签，标签上单价为 1 755 元。手机全部验收入柜。要求：①用进价金额核算法做会计分录。②用售价金额核算法做会计分录。

10. 智胜手机专卖店昨天购进某种型号手机 50 部，手机进货单价为 800 元。进项税额为 6 800元。今天按该型手机价格标签上单价 1 755 元卖出两部。其中销项税额为 510 元。款项全部收妥送存银行。要求：①用进价金额核算法做会计分录。②用售价金额核算法做会计分录。

任务 2　零售企业商品储存业务核算

【做中学，学中做】

子任务 1　商品削价的核算

零售企业商品储存业务核算1

削价是对库存中残损、变质、冷背、呆滞的商品做一次性降价出售的措施。商品削价是由有关营业柜组盘点数量后，填制商品削价报告单一式数联，报经有关领导批准后，进行削价处理。商品削价后，商品可变现净值高于成本时，根据削价金额借记商品进销差价贷记库存商

品，以调整其账面价值。商品削价后，可变现净值低于成本时，除了根据削价金额借记"商品进销差价"账户，贷记"库存商品"账户，以调整其账面价值外，还应冲减存货跌价准备。

（1）2019 年 6 月 28 日，北京俪悦商贸有限公司发现一批男西装款式已陈旧，经决定做削价处理（图 2 - 41）。

商品削价报告单

北京俪悦商贸有限公司　　　　2019年06月28日　　　　　　　　单位：元

品名	单位	数量	进价	售价	新价	调低金额	削价金额
男西装	件	10	250.00	350.00	234.00	1160.00	款式陈旧

记 账 凭 证

记字　　号　　　　　　　　　　日期：　　　　　　　　　　　　附单据　　张

摘要	科目名称	借方金额	贷方金额
合计			

记账　　　　　　审核　　　　　　出纳　　　　　　制单

图 2 - 41

（2）2019 年 6 月 28 日，计提存货跌价准备（图 2 - 42）。

存货跌价准备计提表

北京俪悦商贸有限公司　　　　　　　　2019年06月28日　　　　　　　　单位：元

序号	品名	单位	数量	原进价	现售价（含税）	单位商品税金	单位商品销售费用	单位商品可变现净值	应计提的跌价准备
1	男西装	件	10	250.00	234.00	26.20	2.00	205.80	¥442.00

记 账 凭 证

记字　　号　　　　　　　　　　日期：　　　　　　　　　　　　附单据　　张

摘要	科目名称	借方金额	贷方金额
合计			

记账　　　　　　审核　　　　　　出纳　　　　　　制单

图 2 - 42

（3）2019 年 7 月 15 日，北京俪悦商贸有限公司削价出售全部款式已陈旧的男西装（图 2 - 43）。

销售收入缴款单汇总表

北京俪悦商贸有限公司　　　2019年07月15日　　　　　　　　单位：元

柜别	品名	销售金额	现金收入	信用卡签单	支票收入
服装柜	男西装	2340.00	2340.00	现金收讫	--
合计	--	2340.00	2340.00	--	--

图 2 - 43

记账凭证

记字　　号		日期：		附单据　　张
摘要	科目名称		借方金额	贷方金额
合计				
记账	审核	出纳	制单	

图 2 – 43（续）

（4）2019 年 7 月 15 日，结转削价销售商品成本（图 2 – 44）。

出 库 单

出货单位：北京伽悦商贸有限公司　　　　　2019 年 07 月 15 日　　　单号：50006547

提货单位或领货部门		销售单号		发出仓库	总仓	出库日期	2019年07月15日
编　号	名 称 及 规 格	单 位	应发	实发	单 价	金 额	
1	男西装	件	10	10			
	合　　计		--	--			

部门经理：李强　　　会计：叶玲娜　　　仓库：赵成　　　经办人：王浩

商品成本计算单

北京伽悦商贸有限公司　　2019年07月15日

品名	单位	数量	单位成本（元）	金额（元）
男西装	件	10	234.00	2340.00
合计				￥2,340.00

记 账 凭 证

记字　　号		日期：		附单据　　张
摘要	科目名称		借方金额	贷方金额
合计				
记账	审核	出纳	制单	

图 2 – 44

（5）2019 年 7 月 16 日，结转存货跌价准备（图 2 – 45）。

存货跌价准备计提表

北京俪悦商贸有限公司　　　　　　　　　　　　　　　　　　　　　　　　　　　　　　　　单位：元

序号	存货项目	单位	数量	原进价	现售价（含税）	单位商品税金	单位商品销售费用	单位商品可变现净值	应计提的跌价准备
1	男西装	件	10	250.00	234.00	26.92	2.00	205.80	442.00
合计	—	—	—	—	—	—	—	—	￥442.00

记 账 凭 证

记字　　　号		日期：			附单据　　　　张
摘要		科目名称	借方金额	贷方金额	
合计					

记账　　　　　　审核　　　　　　　　出纳　　　　　　　　制单

图 2 - 45

子任务 2　商品调价的核算

零售企业根据价格政策或市场情况，对某些商品的价格进行适当的调高或调低。调整商品的含税售价时，需通过盘点查明应调价商品数量，计算商品调价金额，填制商品调价差额调整单，并据此调整"库存商品""商品进销差价"账户。

零售企业商品
储存业务核算 2

（1）2019 年 6 月 5 日，北京俪悦商贸有限公司根据市场情况，将一批方便面的价格提高（图 2 - 46）。

商品调价差额调整单

编制单位：北京悦俪商贸有限公司　　　　　2019年06月05日　　　　　单位：元

品名	计量单位	盘存数量	原价	新价	调高金额
方便面	包	1000	1.50	2.00	500.00

记 账 凭 证

记字　　　号		日期：			附单据　　　　张
摘要		科目名称	借方金额	贷方金额	
合计					

记账　　　　　　审核　　　　　　　　出纳　　　　　　　　制单

图 2 - 46

（2）2019 年 6 月 5 日，北京俪悦商贸有限公司根据市场情况，将一批拖鞋的价格降低（图 2 - 47）。

商品调价差额调整单

编制单位:北京悦俪商贸有限公司 2019年06月05日　　　　　　单位: 元

品名	计量单位	盘存数量	原价	新价	调低金额
拖鞋	双	100	15.00	12.00	300.00

记 账 凭 证

记字　　　号		日期:		附单据　　　张
摘要	科目名称	借方金额	贷方金额	
合计				

记账　　　　　　审核　　　　　　出纳　　　　　　制单

图 2 - 47

子任务 3　商品内部调拨的核算

　　商品内部调拨是零售企业在同一独立核算单位内部各实物负责人或柜组之间进行商品转移。商品内部调拨不作为商品销售处理,也不进行结算,而只是转移各实物负责人或柜组所承担的经济责任。在调拨商品时,由调出部门填制商品内部调拨单一式数联,调出部门在各联上签章后,连同商品一并转交调入部门。调入部门验收无误后,在调入部门处签章,表示商品已收讫。该商品内部调拨单调入与调出部门各留一联,作为商品转移的依据,另一联转交财会部门入账。

　　(1) 2019 年 6 月 13 日,北京俪悦商贸有限公司第一门市部向日用品组调入商品,日用品组填制商品内部调拨单 (图 2 -48)。

商品内部调拨表

调入部门:第一门市部　　　　2019年06月13日　　　　　　单位: 元

品名	计量单位	数量	零售价格		购进价格		商品进销差价
			单价	金额	单价	金额	
海飞丝洗发水	瓶	50	50	2500	35.5	1775	725
玉兰油沐浴露	瓶	100	45	4500	33.6	3360	1140
奥妙洗衣液	瓶	150	30	4500	21.5	3225	1275
合计				11500		8360	3140

记 账 凭 证

记字　　　号		日期:		附单据　　　张
摘要	科目名称	借方金额	贷方金额	
合计				

记账　　　　　　审核　　　　　　出纳　　　　　　制单

图 2 - 48

（2）同时，结转商品进销差价（图2-49）。

记 账 凭 证

摘要	科目名称	借方金额	贷方金额
合计			

记字   号　　　　　　日期：　　　　　　附单据   张

记账　　　　审核　　　　出纳　　　　制单

图 2-49

子任务4　鲜活商品储存的核算

鲜活商品在储存过程中发生损耗、调价、削价等情况时，不需要进行账务处理，月末一次性体现在商品销售成本中，由各实物负责人或柜组对实存商品进行盘点，将盘存商品的数量填入"商品盘存表"，并以最后一次进货单价作为期末库存商品的单价，计算出各种商品的结存金额，然后倒挤出已销商品的销售成本。计算公式为：

本期商品销售成本＝期初结存商品金额＋本期验收商品金额－本期非销售发出商品金额－期末结存商品金额

聊城副食品商店2020年1月发生下列经济业务。

（1）3日，从肉食品公司购进各种肉类一批，共计货款86 400元，增值税税额为11 232元，当即签发转账支票付讫（图2-50）。

记 账 凭 证

摘要	科目名称	借方金额	贷方金额
合计			

记字   号　　　　　　日期：　　　　　　附单据   张

记账　　　　审核　　　　出纳　　　　制单

图 2-50

（2）3日，业务部门转来收货单，向肉食品公司购进猪肉7500千克，每千克10元，购进羊肉600千克，每千克12元，商品全部验收入库（图2-51）。

记 账 凭 证

摘要	科目名称	借方金额	贷方金额
合计			

记字　号　　　　日期：　　　　附单据　张
记账　　审核　　出纳　　制单

图 2 – 51

（3）7 日，业务部转来收货单，向水产公司购进鲤鱼 4 500 克，每千克 12 元，验收时发现短少 2 千克，为途中损耗，货款尚未支付（图 2 – 52）。

记 账 凭 证

摘要	科目名称	借方金额	贷方金额
合计			

记字　号　　　　日期：　　　　附单据　张
记账　　审核　　出纳　　制单

图 2 – 52

（4）15 日，收到各营业部门交来的销货现金及商品销售收入缴款单，其中，肉食品类 70 399 元，水产类 51 980 元，现金已全部解存银行（图 2 – 53）。

记 账 凭 证

摘要	科目名称	借方金额	贷方金额
合计			

记字　号　　　　日期：　　　　附单据　张
记账　　审核　　出纳　　制单

图 2 – 53

记 账 凭 证

记字 号		日期：		附单据 张	
摘要	科目名称		借方金额	贷方金额	
合计					
记账	审核	出纳		制单	

图 2-53（续）

（5）28 日，发现仓库内有 20 千克带鱼变质报废，购进单价为 8 元，经领导批准作企业损失处理（图 2-54）。

记 账 凭 证

记字 号		日期：		附单据 张	
摘要	科目名称		借方金额	贷方金额	
合计					
记账	审核	出纳		制单	

记 账 凭 证

记字 号		日期：		附单据 张	
摘要	科目名称		借方金额	贷方金额	
合计					
记账	审核	出纳		制单	

图 2-54

（6）31 日，收到各营业部门交来的销货现金及商品销售收入缴款单，其中，肉食品类 62 263 元，水产类 45 165 元，现金已全部解存银行（图 2-55）。

记 账 凭 证

	记字　　号	日期：		附单据　　张
	摘要	科目名称	借方金额	贷方金额
⊕ⓧ				
⊕ⓧ				
⊕ⓧ				
⊕ⓧ				
⊕ⓧ				
	合计			

记账　　　　　审核　　　　　出纳　　　　　制单

记 账 凭 证

	记字　　号	日期：		附单据　　张
	摘要	科目名称	借方金额	贷方金额
⊕ⓧ				
⊕ⓧ				
⊕ⓧ				
⊕ⓧ				
⊕ⓧ				
	合计			

记账　　　　　审核　　　　　出纳　　　　　制单

图 2－55

（7）31 日，月末盘点商品，肉食品类结存 25 000 元，水产类结存 12 000 元。期末结存数为肉食品类 22 390 元，水产类 16 060 元。结转本月商品销售成本（图 2－56）。

记 账 凭 证

	记字　　号	日期：		附单据　　张
	摘要	科目名称	借方金额	贷方金额
⊕ⓧ				
⊕ⓧ				
⊕ⓧ				
⊕ⓧ				
⊕ⓧ				
	合计			

记账　　　　　审核　　　　　出纳　　　　　制单

图 2－56

本子任务操作如下。

（1）借：商品采购——肉食品公司　　　　　　　　　　　　　　86 400
　　　　　应交税费　　　　　　　　　　　　　　　　　　　　11 232
　　　　贷：银行存款　　　　　　　　　　　　　　　　　　　　　97 632
（2）借：库存商品——肉类食品　　　　　　　　　　　　　　100 200

```
            贷：商品采购——肉食品公司                              100 200
（3）借：库存商品——水产品                                         53 976
        销售费用——商品损耗                                           24
        贷：商品采购——水产公司                                    54 000
（4）①借：库存现金                                               122 379
        贷：主营业务收入——肉食品类（7039÷1.13）                   6 230
            水产类（51 980÷1.13）                                 4 600
            应交税费——应交增值税（销项税额）[（62 300+46 000）×13%]
                                                                 1 409
    ②借：银行存款                                                122 379
        贷：库存现金                                              122 379
（5）①借：待处理财产损溢——待处理流动资产损溢                        160
        贷：库存商品——水产品                                        160
    ②借：营业外支出                                                  160
        贷：待处理财产损溢——待处理流动资产损溢                        160
（6）①借：库存现金                                               108 028
        贷：主营业务收入——肉食品类（62 263+1.13）                 55 100
            ——水产类（45 765+1.13）                             40 500
            应交税费——应交增值税（销项税额）[（55 100+40 500）×13%]
                                                                12 428
    ②借：银行存款                                                108 028
        贷：库存现金                                              108 028
（7）借：主营业务成本——肉食品类（22 390+100 200-25 000）         97 590
        ——水产类（16 060+53 976-160-12 000）                   57 876
        贷：库存商品——肉食品类                                     97 590
            ——水产类                                             57 876
```

【小结】

（一）商品盘点短缺和溢余

1. 盘点短缺

（1）发现短缺（查明原因）。

借：待处理财产损溢
    商品进销差价
    贷：库存商品
        应交税费——应交增值税（进项税额转出）

（2）批准后的账务处理。

借：相关科目
    贷：待处理财产损溢

2. 盘点溢余

（1）发现溢余（查明原因）。

借：库存商品

　　　　贷：待处理财产损溢
　　　　　　商品进销差价

（2）批准后的账务处理。

借：待处理财产损溢
　　贷：相关科目

（二）商品削价

1. 调整商品进销差价

借：商品进销差价
　　贷：库存商品

2. 计提存货跌价准备

借：资产减值损失
　　贷：存货跌价准备

3. 确认收入（月末一次性确认销售商品增值税，进行价税分离处理）

借：库存现金等相关科目
　　贷：主营业务收入

4. 结转成本（月末一次性分摊商品进销差价）

借：主营业务成本
　　贷：库存商品

5. 结转存货跌价准备

借：存货跌价准备
　　贷：主营业务成本

（三）商品调价

1. 提高价格

借：库存商品
　　贷：商品进销差价

2. 降低价格

借：商品进销差价
　　贷：库存商品

【巩固提升】

1. 进价金额核算适用于（　　）。

A. 商品批发企业　　　　　　　　　B. 农副产品收购企业
C. 专业性零售企业　　　　　　　　D. 经营鲜活商品的零售企业

2. 企业对于未计提过跌价准备的、完全丧失了使用价值的商品，应按其账面价值借记"资产减值损失"账户，贷记"存货跌价准备"账户。（　　）

A. 对　　　　　　　　B. 错

3. 某零售企业月末调整前"商品进销差价"账户下电器明细账余额为 44 000 元，本月电器商品售总额为 56 000 元，月末电器库存商品余额为 32 000 元。请计算已销售商品的商品进销差价为多少并据以做结转已销售商品的进销差价的会计分录。

任务3　零售企业商品销售业务核算

零售企业商品销售
业务核算（上）

【做中学，学中做】

子任务1　结转销售成本的核算方法

零售商品销售一般采用现货交易，即当时交货，当时收款的交易。营业员在销货时直接收款，一般不填制销货凭证。营业员只管卖货不管收款，即顾客选好商品后，营业员填制销货凭证，由收款员收款后，营业员凭收款单付货的销售方式称为集中收款。除了现货交易外，还有一种送货制销售商品形式，即采用送货上门交货方式。

由于零售企业的库存商品是按售价反映的，其售价与进价及增值税销项税额的差额在"商品进销差价"账户中反映。因此，当已销商品在"库存商品"账户中转销后，应同时转销这部分已销商品的进销差价，从而求得商品的销售成本。但由于逐笔计算已销商品进销差价的工作量很大，所以在实际工作中，平时不转销已销商品的进销差价，月末采用一定方法计算出全月已销售商品实现的进销差价额后，一次转销商品进销差价"主营业务成本"账户，调整后的主营业务成本金额就是已销商品的进价成本。

2019年8月31日，北京悦家商贸有限公司采用综合差价率推算法调整商品销售成本。计算本期已销商品进销差价（差价率按百分数表示，并保留两位小数）（图2-57）。

商品进销差价计算表

2019年08月31日　　　　　　　　　　　　　　　　单位：元

期末库存商品余额	期末受托代销商品余额	主营业务收入	结转前商品进销差价账户余额	差价率	已销商品进销差价
80000.00	760.00	90000.00	40000.00		

图2-57

第一步，计算本月存销商品的综合差价率，公式为：月末调整前商品进销差价余额/[月末库存商品余额＋本月商品销售额(含税)＋月末委托代销商品账户余额]；

第二步，计算本月销售商品应分摊的进销差价，公式为：本月商品销售额（含税）×综合差价率；

第三步，结转商品进销差价（图2-58）。

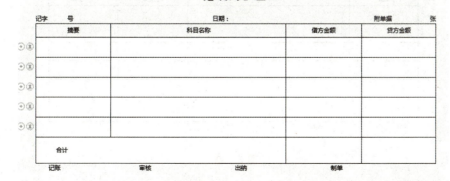

图2-58

子任务2 受托代销商品的核算

委托代销商品与受托代销商品是同一事物的两个方面。比如，乙企业委托甲企业代销 A 商品，那么 A 商品对于乙企业来说就是委托代销商品，A 商品对于甲企业来说就是受托代销商品。这里重点介绍零售企业接受其他单位的委托，代其他单位销售商品的业务核算过程。

零售企业商品销售业务核算（下）

（1）2019 年 8 月 1 日，某零售企业以实物代销方式，代甲企业销售一批商品，含进项税的接收价为 5 000 元，含销项税的零售价为 8 000 元。9 月 1 日，将商品全部售完。9 月 5 日，收到甲企业发来的专用发票。9 月 6 日，某零售企业将代销商品款汇往甲企业。9 月末分配商品进销差价时，计算受托代销商品应负担的商品进销差价为 2 900 元。

按照时间顺序进行会计处理。

①8 月 1 日，收到受托代销商品时（图 2-59）。

记 账 凭 证

记字 号		日期：		附单据 张
摘要	科目名称		借方金额	贷方金额
合计				
记账	审核	出纳		制单

图 2-59

借：受托代销商品　　　　　　　　　　　　　　　　8 000
　　贷：受托代销商品款　　　　　　　　　　　　　　　　5 000
　　　　商品进销差价　　　　　　　　　　　　　　　　3 000

②9 月 1 日，受托代销商品销售后（图 2-60）。

记 账 凭 证

记字 号		日期：		附单据 张
摘要	科目名称		借方金额	贷方金额
合计				
记账	审核	出纳		制单

图 2-60

借：银行存款　　　　　　　　　　　　　　　　　　8 000
　　贷：主营业务收入　　　　　　　　　　　　　　7 079.65

　　　应交税费——应交增值税（销）　　　　　　　　　　　　　　920.35
③同时结转销售成本（图 2-61）。

记 账 凭 证

	记字　　号		日期：			附单据　　　张
	摘要	科目名称		借方金额	贷方金额	
⊕⊗						
⊕⊗						
⊕⊗						
⊕⊗						
⊕⊗						
	合计					
	记账　　　　审核　　　　　出纳　　　　　　　制单					

图 2-61

借：主营业务成本　　　　　　　　　　　　　　　　　　　　8 000
　　贷：受托代销商品　　　　　　　　　　　　　　　　　　　　8 000
④结转代销商品款为应付甲企业的货款（图 2-62）。

记 账 凭 证

	记字　　号		日期：			附单据　　　张
	摘要	科目名称		借方金额	贷方金额	
⊕⊗						
⊕⊗						
⊕⊗						
⊕⊗						
⊕⊗						
	合计					
	记账　　　　审核　　　　　出纳　　　　　　　制单					

图 2-62

借：受托代销商品款　　　　　　　　　　　　　　　　　　　5 000
　　贷：应付账款　　　　　　　　　　　　　　　　　　　　　5 000
⑤9 月 5 日，收到甲企业开具的专用发票（图 2-63）。

记 账 凭 证

	记字　　号		日期：			附单据　　　张
	摘要	科目名称		借方金额	贷方金额	
⊕⊗						
⊕⊗						
⊕⊗						
⊕⊗						
⊕⊗						
	合计					
	记账　　　　审核　　　　　出纳　　　　　　　制单					

图 2-63

借：应交税费——应交增值税（进）　　　　　　　　　　　　　　575.22
　　贷：主营业务成本　　　　　　　　　　　　　　　　　　　　　　575.22
⑥9月6日，支付应付款项（图2–64）。

记 账 凭 证

记字　号		日期：		附单据　　张
摘要	科目名称		借方金额	贷方金额
合计				
记账	审核	出纳		制单

图 2 – 64

借：应付账款　　　　　　　　　　　　　　　　　　　　　　　　5 000
　　贷：银行存款　　　　　　　　　　　　　　　　　　　　　　　　5 000
⑦9月末，结转商品进销差价（图2–65）。

记 账 凭 证

记字　号		日期：		附单据　　张
摘要	科目名称		借方金额	贷方金额
合计				
记账	审核	出纳		制单

图 2 – 65

借：商品进销差价　　　　　　　　　　　　　　　　　　　　　　2 900
　　贷：主营业务成本　　　　　　　　　　　　　　　　　　　　　　2 900
　　下面介绍收取手续费方式代销商品的核算。代销商品的接收价是该商品的含销项税的销售价，这个销售价由委托方确定。该销售不属于本企业商品销售范畴，纯属代销，故不使用"主营业务收入"账户。
　　受托方在收到代销商品时，按代销商品的售价接收：
借：受托代销商品
　　贷：受托代销商品款
　　代销商品销售后，受托方按价税合计收取款项：

零售企业商品
销售业务
核算（下）

借：银行存款

　　贷：应付账款（按实现的销售收入）

　　　　应交税费——应交增值税（销）

同时注销代销商品：

借：受托代销商品款

　　贷：受托代销商品

收到委托方开具的增值税专用发票时：

借：应交税费 - 应交增值税（进）

　　贷：应付账款

按扣除手续费后的金额支付代销商品款时：

借：应付账款

　　贷：银行存款

（2）其他业务收入。

①2019 年 7 月 1 日，北京鑫鑫商贸有限公司收到一批委托代销商品——50 套女时装，一套 250 元（不含税），共计 12 500 元（图 2 - 66）。

入　库　单
2019 年 07 月 01 日　　　　　　　　单号 001013

交来单位及部门	北京琪宝百货有限公司		验收仓库	总仓	入库日期	2019-07-01	财
编号	名称及规格	单位	数量		实际价格		务
			交库	实收	单价	金额	联
A003	女时装	套	50	50	250.00	12500.00	
	合　计					￥12500.00	

负责人：　　　会计：汪明明　　　经办人：王洪　　　制单人：杨颖

记账凭证

记字　号　　　　　　　　　　日期：　　　　　　　　附单据　　　张

摘要	科目名称	借方金额	贷方金额
合计			

记账　　　审核　　　出纳　　　制单

图 2 - 66

②2019 年 7 月 15 日，北京鑫鑫商贸有限公司销售代销女时装 40 套，收到款项并存入银行（图 2 - 67）。

销售收入缴单汇总表

北京鑫鑫商贸有限公司　　　　　2019年07月15日

柜别	品名	销售金额	现金收入	信用卡签单	支票收入
服装柜	女时装	11300.00	11300.00	现金收讫	
合计	—	¥11,300.00	¥11,300.00	—	—

记 账 凭 证

记字 号		日期:		附单据 张	
摘要		科目名称	借方金额	贷方金额	
	合计				
记账		审核	出纳	制单	

图 2 – 67

③2019 年 7 月 31 日，北京鑫鑫商贸有限公司收到委托方北京琪宝百货公司开具的增值税专用发票（图 2 – 68）。

图 2 – 68

代销商品清单

委托单位:北京琪宝百货有限公司　　2019年07月31日

品名	单位	数量	单位成本（元）	金额（元）
女时装	套	40	250.00	10000.00
合计				￥10,000.00

记 账 凭 证

记字　　　号　　　　　　　　　　　日期：　　　　　　　　　　　　　　附单据　　　张

摘要	科目名称	借方金额	贷方金额
合计			

记账　　　　　　审核　　　　　　出纳　　　　　　制单

图 2 − 68（续）

④2019 年 7 月 31 日，北京鑫鑫商贸有限公司按不含增值税的销售价格的 10% 向北京琪宝百货有限公司收取手续费，并开具手续费的增值税专用发票（图 2 − 69）。

记 账 凭 证

记字　　　号　　　　　　　　　　　日期：　　　　　　　　　　　　　　附单据　　　张

摘要	科目名称	借方金额	贷方金额
合计			

记账　　　　　　审核　　　　　　出纳　　　　　　制单

图 2 − 69

⑤2019 年 7 月 31 日，北京鑫鑫商贸有限公司结算代销商品款（图 2 − 70）。

图 2-70

子任务 3 买一赠一的核算

企业以买一赠一的方式组合销售本企业商品的,不属于捐赠,应将总的销售额按各项商品的公允价值的比例来分摊确认各项的销售收入。

2019 年 12 月 10 日,北京鑫鑫商贸有限公司(一般纳税人)举行促销活动,购买电饭煲送平底锅(进价为 20 元/个,售价为 30 元/个),该电饭煲进价为 280 元/个,售价为 500 元/个。促销当天,共出售电饭煲 100 个,同时赠出平底锅 100 个。

1. 按收取的货款确认收入

单据如图 2-71 所示。

记账凭证

记字 号		日期:		附单据 张
摘要	科目名称		借方金额	贷方金额
合计				
记账	审核		出纳	制单

图 2-71

借：库存现金   50 000
    贷：主营业务收入   44 247.79
        应交税费——应交增值税（销）   5 752.21 × [500/(1 + 13%)] × 13%

2. 按组合商品的零售价结转销售成本

单据如图 2 - 72 所示。

记 账 凭 证

记字 号		日期：		附单据 张	
摘要		科目名称	借方金额	贷方金额	
合计					
记账	审核		出纳	制单	

图 2 - 72

借：主营业务成本 (500 + 30) × 100 = 53 000
    贷：库存商品   53 000

3. 赠品应交增值税

单据如图 2 - 73 所示。

记 账 凭 证

记字 号		日期：		附单据 张	
摘要		科目名称	借方金额	贷方金额	
合计					
记账	审核		出纳	制单	

图 2 - 73

借：主营业务成本   30/(1 + 13%) × 13% × 100 = 345.13
    贷：应交税费——应交增值税（销）   30/(1 + 13%) × 13% × 100 = 345.13

子任务 4   返券促销的核算

零售企业商品
销售业务
核算（下）

返券销售是指顾客在购买一定数额的商品后获得商家赠送相应数额购物券的促销方式。

（1）2019 年 8 月 8 日，北京鑫鑫商贸有限公司（一般纳税人）家电柜实行返券促销，"购 100 返 10"，并指定用于"女时装"抵扣（根据缴款单汇总表）（图 2 - 74）。

销售收入缴款单汇总表

北京鑫鑫商贸有限公司   2019年08月08日   单位：元

柜别	品名	销货金额	现金收入	信用卡盖单	支票收入
家电	电饭煲	15820.00	15820.00	现金收讫	
合计		￥15820.00	￥15820.00		

审核：李建华   制表：汪明明

记 账 凭 证

记字　号		日期：		附单据　　张	
	摘要	科目名称		借方金额	贷方金额
	合计				

记账　　　　审核　　　　出纳　　　　制单

图 2－74

（2）2019 年 8 月 15 日，销售商品一批，收回现金券 500 元（图 2－75）。

图 2－75

销售收入缴款单汇总表

北京鑫鑫商贸有限公司　　2019年08月15日　　　　　　单位：元

品名	销售金额	现金收入	信用卡签单	备注
女时装	11300.00	10800.00	现金收讫	抵用服装柜现金券500.00元
合计	￥11300.00	￥10800.00	—	

记 账 凭 证

记字　　号　　　　　　　　　日期：　　　　　　　　附单据　　张

摘要	科目名称	借方金额	贷方金额
合计			

记账　　　　审核　　　　出纳　　　　制单

图 2-75（续）

子任务5　送积分促销的核算

（1）2019年9月9日，北京鑫鑫商贸有限公司（一般纳税人）举行促销活动，规定购满100元积10分，不满100元不送积分，1个积分可抵0.5元（图2-76）。

销售收入缴款单汇总表

北京鑫鑫商贸有限公司　　2019年09月09日

柜别	品名	销售金额	现金收入	信用卡签单	支票收入
服装	女时装	282.50	282.50	现金收讫	—
合计	—	￥282.50	￥282.50		
备注：积分促销					

图 2-76

记 账 凭 证

记字 号	日期：		附单据 张	
摘要	科目名称		借方金额	贷方金额
合计				
记账	审核	出纳	制单	

图 2 – 76（续）

（2）2019 年 9 月 15 日，北京鑫鑫商贸有限公司销售商品，顾客以 20 积分购物（图 2 – 77）。

记 账 凭 证

记字 号	日期：		附单据 张	
摘要	科目名称		借方金额	贷方金额
合计				
记账	审核	出纳	制单	

图 2 – 77

子任务6 生鲜商品销售的核算

对于生鲜商品销售，当天营业结束后，财会部门根据各柜组交来的当日"内部交款单""商品进销存日报表"及"银行进账单回单"进行销售的账务处理。

2019年12月，津津超市收到出售水果的收入9 000元，货款已存入银行。财会部门根据审核无误的银行回单及"商品进销存日报表"进行会计处理（图2-78）。

记 账 凭 证

记字 号		日期：		附单据 张
摘要	科目名称	借方金额	贷方金额	
合计				
记账	审核	出纳	制单	

图2-78

借：银行存款　　　　　　　　　　　　　　　　　　　　　　　　9 000
　　贷：主营业务收入　　　　　　　　　　　　　　　　　　　　　9 000

企业取得的销货款都是含税的销售额，其中包含了销项税额，因此，需调整为不含税销售额（图2-79）。计算公式为：

不含税销售额 = 含税销售额/(1 + 增值税税率)

记 账 凭 证

记字 号		日期：		附单据 张
摘要	科目名称	借方金额	贷方金额	
合计				
记账	审核	出纳	制单	

图2-79

借：主营业务收入　　　　　　　　　9000/(1 + 9%) × 9% = 743.12
　　贷：应交税费——应交增值税（销）　　　　　　　　743.12

【小结】

1. 一般销售（确认收入时进行价税分离）

借：银行存款等相关科目
　　贷：主营业务收入

　　　　应交税费——应交增值税（销项税额）

2. 代销商品

1）以购销方式代销商品

（1）收到代销商品。

借：受托代销商品

　　　贷：受托代销商品款

　　　　　商品进销差价

（2）销售代销商品（确认收入时进行价税分离）。

借：银行存款等相关科目

　　　贷：主营业务收入

　　　　　应交税费——应交增值税（销项税额）

（3）结转代销商品成本。

借：主营业务成本

　　　贷：受托代销商品

（4）结转代销商品款。

借：受托代销商品款

　　　贷：应付账款

（5）收到代销商品发票并支付货款。

借：应付账款

　　应交税费——应交增值税（进项税额）

　　　贷：银行存款

2）以手续费方式代销商品

（1）收到代销商品。

借：受托代销商品

　　　贷：受托代销商品款

（2）销售代销商品。

借：银行存款等相关科目

　　　贷：应付账款

　　　　　应交税费——应交增值税（销项税额）

（3）注销代销商品。

借：受托代销商品款

　　　贷：受托代销商品

（4）收到发票。

借：应交税费

　　　贷：应付账款

（5）确认收入并付款。

借：应付账款

　　　贷：银行存款

　　　　　其他业务收入

　　　贷：主营业务收入

　　　　　应交税费——应交增值税（销项税额）

【巩固提升】

1. 采用售价金额核算法的企业在商品销售的同时，将库存商品按售价金额转入"主营业务成本"账户是为了（　　）。

A. 及时反映各营业柜组经营商品的库存额

B. 及时反映各营业柜组的经济责任

C. 月末计算和结转已销商品进销差价

D. 简化核算工作

2. 返券促销时应设置（　　）账户核算赠券消费额。

A."主营业务收入"　　　　　　B."主营业务成本"

C."递延收益"　　　　　　　　D."预计负债"

3. 采用售价金额核算法时，月末需要调整的账户由（　　）。

A."库存商品"　　　　　　　　B."商品进销差价"

B."主营业务收入"　　　　　　D"主营业务成本"

4. 银座商场为增值税一般纳税人，增值税税率为13%，2019年8月发生下列经济业务。

（1）18日，为海尔公司代销冰箱500台，协议价为每台800元，手续费为销售额的10%，当天收到冰箱。

（2）25日，代销的冰箱售出300台。

（3）31日，与海尔公司进行代销结算，支付款项，收到海尔公司转来的增值税专用发票。

要求：编制上述业务的相关账务处理。

项目三

旅游餐饮业
服务企业 1

旅游、酒店、餐饮企业会计核算

【知识目标】

- 熟悉旅游、酒店、餐饮企业的经营管理特点、典型的经济业务类型和业务流程；
- 能根据行业经营管理特点设置会计科目和账户；
- 熟悉旅游、酒店、餐饮企业的原始单据，能根据行业的主要经济业务进行会计处理，具有一定的会计职业判断能力；
- 初步具备根据该行业经营管理特点进行会计制度设计的能力。

旅游餐饮业
服务企业 2

【能力目标】

- 能够对旅行社的营业收入和营业成本进行核算；
- 能够对餐饮企业进行材料核算、餐饮制品成本核算和销售核算；
- 能够对酒店企业客房的营业收入和营业费用进行核算。

导游文华枝

【素质目标】

- 培养良好的服务意识和奉献精神；
- 培养坚持原则、爱岗敬业的职业素养；
- 培养敬业、团队合作的职业素养。

旅游餐饮
服务业介绍

【思政目标】

- 深刻理解行业质量意识、安全意识、团队意识、企业忠诚意识。
- 逐步树立工匠精神。

【行业认知】

随着我国经济的增长、居民生活品质的提升，人们的旅游消费越来越高，我国的旅游业发展势头正强劲，消费升级带动需求增加，刺激着酒店行业需求的增长。同时高端消费下沉，大众消费中端化，中端酒店发展空间巨大。旅游业带动相关产业和社会经济活动的全面发展，是我国经济发展的支柱性产业之一。旅游产业的发展极具活力，旅游产品成为中国人民的必需品，国内游市场是全国旅游市场的主力军，随着居民人均可支配收入的增加和全域旅游意识的提升，未来旅游产业的发展前景较广阔。全域旅游是应对全面小康社会大众旅游规模化需求的新理念、新模式和新战略。伴随着我国旅游与酒店行业的迅猛发展，其对从业人员的需求量大幅提升，与此同时对从业人员的要求也逐步提高。旅游、酒店、餐饮企业，一般均有系统配套的经营业务，例如，旅游企业除了经营旅游业务外，还可展开客房、餐饮、商品销售、娱乐及其他经营业务；餐饮企业除了经营餐饮业务外，还可展开娱乐、商品销售及其他业务。为了分别考核各项经营业务的经营成果，要求分别核算和监督各项经营业务的收入成本和费用，因此，掌握旅游、酒店、餐饮行业会计准则与会计核算制度，核算好旅游、酒店、餐饮服务业务，能够促进该行业良性健康发展。

子项目一　旅游企业经济业务的核算

旅行社经营业务
及收入核算1

【知识储备】

旅游经营业务是指旅游企业组织旅游者外出旅游，并同时为其提供餐饮、住宿、交通、购物、导游等各种服务的业务。旅游企业是为旅游者提供服务的中介机构，是以营利为目的从事旅游业务的企业。旅游企业主要是旅行社。

一、旅行社经营业务的内容

旅行社经营业务大体可以分为两类：一是组团招徕，二是导游接待。旅行社相应分为组团社和接团社。组团社是指从国内、国外组织旅游团队，为旅游者办理出入境手续、保险，安排导游日程、旅游路线和旅游项目，并选派导游/翻译人员随团为旅游者提供服务。接团社是指旅游者在某一地区提供导游翻译，安排旅游者的参观日程，为其订房，订餐及订机票、车票，并为去下一旅游景点做好安排。

二、旅行社经营业务的特点

（一）没有固定的服务场所，无须为客人提供服务设施

交通工具依靠民航铁路和出租汽车公司，住宿依靠宾馆、酒店，观光依靠名胜古迹和秀丽的风景。

（二）工作人员具有不确定性

旅行社在所有旅游线路上均要为旅游者配备导游，而旅游业务存在淡季和旺季。为了充分利用人力资源，降低人工成本，旅行社一般只配备部分专职导游，兼职导游则根据季节性的要求另行聘请。

（三）组团社和接团社相互依存

根据旅行社的合理分工，组团社和接团社相互依存，相互之间结算关系频繁。

三、旅行社营业收入的核算

（一）确定旅行社营业收入的内容

1. 组团外联收入

组团外联收入是指组团社自组外联，收取旅游者住房、用餐、旅游交通、导游/翻译、文娱活动等的收入。

2. 综合服务收入

综合服务收入是指接团社向旅游者收取的包括市交通费、导游服务费、一般景点门票费等在内的包价费用收入。

3. 零星服务收入

零星服务收入是指旅行社接待零星旅游者和承办委托事项所得的收入。

4. 劳务收入

劳务收入是指非组团社为组团社提供境内全程导游/翻译人员所得的收入。

5. 票务收入

票务收入是指旅行社办理代售国际联客票和国内客票的手续费收入。

6. 地游及加项收入

地游及加项收入是指接团社向旅游者收取的按旅游者要求增加的计划外当地旅游项目的费用。

7. 其他服务收入

其他服务收入是指不属于以上各项的其他服务收入。

（二）确认旅行社营业收入

根据企业会计准则，劳务收入的确认要满足以下四个条件。

（1）收入的金额能够可靠地计量；

（2）相关的经济利益很可能流入企业；

（3）交易的完工进度能够可靠地确定；

（4）交易中已发生和将发生的成本能够可靠地计量。

旅行社通常应在旅游团队结束旅游时确认营业收入。但是，如果旅游团的旅游开始日期和结束日期分属于不同的期间，则应当按照完工百分比法进行营业收入的确认。确定完工比例一般采用以下两种方法。一是按已经提供的劳务占应提供劳务总量的比例。这种方法主要以劳务量为标准确定提供劳务交易的完工程度。二是按已经发生的成本占估计总成本的比例。

四、旅行社营业成本的核算

旅行社的营业成本包括如下七类。

旅行社营业
成本的核算

（一）组团外联成本

它是指各组团社组织的外联团、外国旅游团，按规定开支的住宿费、餐饮费、综合服务费、国内城市间交通费。

（二）综合服务

它是指接团社接待由组团社组织的报价旅游团（者），按规定开支的住宿费、餐饮费、车费、组团费和接团费。

（三）零星服务成本

它是指接待零星散客、委托代办事项等，按规定开支的委托费、手续费、导游接送费等其他支出。

（四）劳务成本

它是指非组团社为组团社派出的导游/翻译人员参加全程陪同，按规定开支的各项费用。

（五）票务成本

它是指旅行社代办国际联运客票和国内客票等，按规定开支的各项手续费、退票费等。

（六）地游加项成本

它是指旅行社接待的小包价旅游，或因旅客要求增加旅游项目而按规定开支的费用。

（七）其他服务成本

它是指不属于以上各项成本的支出。

任务　旅行社营业收入的核算

旅行社经营业务
及收入核算2

【做中学，学中做】

大宇国际旅行社位于中山路，为一家组团社，主要从事境内外的旅游服务业务。2020 年 12 月，其部分经济业务如下。

（1）20 日，某公司委托该旅行社组团于 12 月 26 日—12 月 30 日去张家界旅游，因此旅行社组成 B126 旅游团，共 42 人，每人收费 1 500 元，总计金额 63 000 元，转账结算（图 3−1）。

记账凭证

记字　　号		日期：		附单据　　　张
摘要	科目名称	借方金额	贷方金额	
合计				
记账	审核	出纳	制单	

图 3−1

（2）23 日，B126 旅游团的刘玲小姐要求退团，按照合同规定扣除 10% 的手续费后，以现金退还其剩余款项 1 350 元（图 3−2）。

记账凭证

记字　　号		日期：		附单据　　　张
摘要	科目名称	借方金额	贷方金额	
合计				
记账	审核	出纳	制单	

图 3−2

（3）31 日，本月 30 日返回的 B126 旅游团已到规定的结算日，收到张家界旅游公司（接团社）报来的"旅游团费用拨款结算通知单"，款项共计 40 000 元（不含税价）。其中，综合服务成本为 30 000 元，劳务成本为 4 000 元，地游及加项成本为 4 000 元，其他服务成本为 2 000 元。以上费用均取得增值税专用发票，税率均为 6%（图 3−3）。

记 账 凭 证

记字　　号　　　　　　　　　　日期：　　　　　　　　　　　　附单据　　张

摘要	科目名称	借方金额	贷方金额
合计			

记账　　　　　　审核　　　　　　出纳　　　　　　制单

图 3－3

旅行社经营业务
及收入核算 3

（4）信天游旅游公司是接团社，根据各组团社 4 月下旬的"旅游团费用拨款结算通知单"编制"旅游费用汇总表"，见表 3－1。

表 3－1　旅游费用汇总表

项目	金额/元		
	团体	其他	合计
综合费用	18 100	1 760	19 860
住宿费	96 500	9 500	106 000
午餐、晚餐费	45 700	4 920	50 620
机票、火车票、船票费	59 400	6 600	66 000
行李托运费	560		560
全程交通费	1 180	125	1 305
游江费	7 560	315	7 875
地方风味费	8 610	750	9 360
全程陪同费	7 120	630	7 750
合计	244 730	24 600	269 330

要求：编制会计分录。

【小结】

1. 组团社确认收入

借：预收账款

　　贷：主营业务收入

2. 接团确认收入

借：预收账款
　　应收账款
　　贷：主营业务收入

酒店业经营收入
业务的核算 1

子项目二　酒店企业经营业务的核算

【知识储备】

酒店企业是为顾客提供住宿、餐饮、健身、美容、洗浴、购物等多项服务的综合性企业。本子项目主要对客房业务进行详细介绍。

酒店企业的业务特点主要体现在如下几个方面。

第一，酒店企业提供的是一种特殊的商品，不出售所有权，只提供使用权。酒店企业通过不断提供服务和补充物资供应，不断获取收益。如果酒店客房出现空置，则其效用必然丧失，而一般不可弥补，因此，酒店企业的营销非常重要。

第二，酒店企业受旅游季节变换的影响，存在销售淡季和旺季，客房价格存在较大弹性。

第三，酒店企业的营业成本为直接耗费成本。由于酒店企业的建筑施工成本、室内装潢和室内设备一般为一次性投入，日常开支小，而且直接耗费和间接耗费不易划分，因此，一般将酒店业务的间接耗费直接列入销售费用。

一、客房账务的管理

客房账务的管理一般采用一次性结账。所谓一次性结账，是酒店为方便旅客，实行按商品部购物以外对酒店内所有服务项目（如客房、餐饮、美容美发、洗衣、电信、娱乐设施等），可凭旅客签单进行记账，在离店时采取一次性结算的办法。

采用一次性结账的酒店必须为每位客人设置宾客账户，用于记录赊欠消费和进行统一结账。客户账务的管理主要包括登记、预收保证金、人数、结账、交款编表等环节。

（一）登记

客人入住酒店后，首先在总台办理住宿手续，并登记营业日记簿。

（二）预收保证金

客人入住酒店后，必须交保证金，即先交款，再消费，离店时再结算。预收保证金可有效地减少客房损失。

（三）人数

客人入住后，即开始消费。如何把客人在各个部门的所有消费归集到客人账户，即所谓"人数"，就是指解决这一问题的过程。为此，要建立消费账户。其主要包括以下内容。

（1）建立散客账户。客人登记入住后，仅用房间号码归集客人的费用是不够的，酒店还应该为客人设置一个账户号码。在现代的大型酒店里，通常由计算机自动为每个入住的客户分配账号。

（2）建立团体入住客户账户。对团体入住客户应开立两个账户，即公账账户和私账账户。团体入住客户的住宿费用一般由旅行社或公司支付，这些费用记在公账账户上。

（3）建立消费账户。客人在酒店的各项消费有了汇总及存放的地点，酒店就开始把客人的各项消费数计入户头，这就是"人数"。

人数必须保证准确，更需及时地将客人的消费信息传递到总台。目前，随着计算机技术的普及，一般酒店使用计算机连网，为信息传递奠定了良好的基础。只要各消费网点及时将客人的消费账单输入计算机，总台即能获取其消费信息并进行汇总。

（四）结账

客人离店时必须结账。结账的一般程序如下。

（1）客人确定离店结账，收银员应立即通知客服中心，以便楼层服务员检查客房状况，如小酒吧是否动用，客房物品是否齐备、损坏等。

（2）根据客人报出的房号，取出客人账卡里的登记表、账单等全部资料，完成以下三项工作。

第一，确认该房间客人的姓名，避免发生错付账款的情况；

第二，检查取出的账卡资料中是否附有其他应办事项的记录；

第三，询问客人是否有最新消费。

（3）把客人的房间号码输入计算机，指示计算机显示该客人的账户内容，核算客人的全部账单是否已全部计入客人的账户，如果发现没有计入的账单，查明后应立即输入进去。

（4）账户内容确定无误后，将客人离店的时间输入计算机并打印一份账单。账单打印出来后，收银员应审视一遍，确认无误后递交客人确认。

（五）交款编表

为了保证酒店每天客账收入的准确性，收银员在下班前必须做到以下几点。

（1）清理现金。清点当班所收的现金并按币种分类。

（2）整理账单。把已离店结账的账单、入住客人的保证金单据等以按期结算方式进行分类汇总整理。

（3）编制收银报告。收银员平时在人数、结账操作时，已按照各自的代码将收银情况输入计算机，因此，收银员只需把自己的代码输入计算机并给予收银报告的指令，计算机便会自动打印属于该代码收银员的收银报告。

（4）核对账单与收银报告。

（5）核对现金与收银报告。

（6）送交款项、账单、收银报告。现金核对正确后，将现金装入交款信封封好，投入指定保险箱，同时将账单和收银报告捆扎好，交给收银主管或放在指定的地方。

（7）稽核。对上述账单资料进行查对，对上述程序进行检查和控制。

（8）编制"营业收入日报表"。每日营业终了，还需根据核对过的账单资料和"营业日记簿"编制"营业收入日报表"，并连同现金、结算凭证送交财会部门入账。

任务1　客房营业收入的核算

【做中学，学中做】

富康宾馆 2018 年 5 月 4 日的营业日记簿和营业收入日报表的部分登记内容见表 3-2、表 3-3 所示，请根据项目间的勾稽关系，完成本日结存栏的相关数据。

酒店业经营收入
业务的核算3

表3-2 营业日记簿

2020年5月14日   元

| 房号 | 姓名 | 住店日期 | | 已住天数 | 本日营业收入 | | | | | 预收房费 | | | | 备注 |
		月	日		房费	加床	餐饮费	小酒柜	合计	上日结存	本日预收	本日应收	本日结存	
1001	张红	4	5	5	200		100		300	500		300	200	
1002	李大民	4	10					20	20		600	20	580	
2001	刘金明	4	2	8	300		140		440	600	600	440	760	
2002	许红民	4	3	7	300		90		390	400	600	390	610	
合计					11 700	0	3 400	220	15 320	48 960	14 560	15 320	48 200	

出租客房：44 间   空置客户间数：6 间   记账：刘晓青   审核：黄云

表3-3 营业收入日报表

2020年5月14日   元

| 营业收入 | | | | | 预收房费 | | 备注 |
房型项目	单人房	标准房	套房	合计			
房费	1 500	6 200	4 000	11 700	上日结存	48 960	
加床					本日预收	14 560	
餐饮费	200	2 000	1 200	3 400	其中：现金	4 200	
小酒柜	30	120	70	220	POS 刷卡	7 000	
其他					转账支票	3 360	
合计	1 730	8 320	5 270	15 320	本日应收	15 320	
出租客房间数：44 间					本日结存	48 200	
空置客房间数：6 间					长款： 短款：		

任务要求如下。

（1）根据营业日记簿和营业收入日报表进行业务收入的账务处理（增值税税率为6%）（图3-4）。

酒店业营业收入的核算2

记账凭证

记字 号		日期：		附单据 张
摘要	科目名称		借方金额	贷方金额
合计				

记账   审核   出纳   制单

图3-4

（2）根据营业收入日报表进行预收账款的账务处理（图3-5）。

记 账 凭 证

记字　　号		日期：		附单据　　张
摘要	科目名称		借方金额	贷方金额
合计				

记账　　　　　　审核　　　　　　出纳　　　　　　制单

图3-5

【小结】

客房收入属于一种让渡资产使用权的行为。根据《企业会计准则》，让渡资产使用权收入的确认应当同时满足以下两个条件：一是相关的经济利益很可能流入企业；二是收入的金额能够可靠地计量。

酒店的入住保证金制度为客房收入提供了可靠的基础，并且根据酒店行业的消费特征，存在明确的消费标准。因此，客人一旦入住客房进行消费，就应当确认收入。

【巩固提升】

2019年12月10日，北京磐基国际大酒店客房部预收房费，根据背景单据编制相关分录（北京磐基国际大酒店为增值税一般纳税人，税率为6%）（图3-6）。

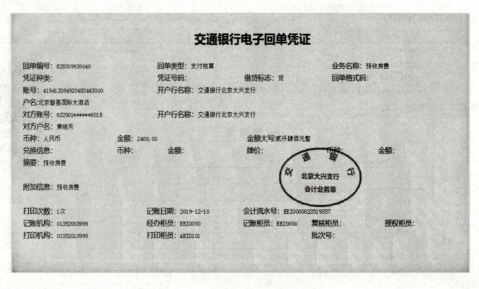

图3-6

签购单

商户名(MERCHANT NAME)：
北京磐基国际大酒店
商户号(MERCHANT NO)：
104350654112725
终端号(TERMINAL NO)：
04602508
卡号(CARD NO)：
625906******2873
收单行号：61043800
发卡行名：交通银行北京大兴支行
交易类型(TRANS TYPE)：
消费
有效期(EXP DATE)：2020
批次号(BATCH NO)：001222
凭证号(VOUCHER NO)：005824
参考号(REFER NO)：133530331427
交易日期(DATE)：2019-12-10
交易时间(TIME)：09:34:40
操作员号(OPERATOP NO)：0336
金额(AMOUNT)：RMB2000.00
备注(REFERENCE)：
持卡人存根(CARD HOLDER COPY)
刘晓庆

本人确认以上交易
同意将其记入本卡账户
I ACKNOWLEDGE SATISFACTORK
RECEIPT OF RELATIVE GOODS/S
商户存根(MERCHANT COPY)

收款收据

NO.0490021

2019 年 12 月 10 日　　现金收讫

今收到 张美微

交来：预交房费

金额(大写)　零佰 零拾 零万 零仟 肆佰 零拾 零元 零角 零分

¥ 400.00　☑现金 □转账支票 □其他

收款单位(盖章)

核准 马秀丽　会计　记账　出纳林晓云　经手人张美微

第三联 交财务

北京增值税专用发票

1100192650　　No 30961857　　1100192650 30961857

开票日期：2019年12月10日

购买方：
名称：北京方正软件有限公司
纳税人识别号：911101059280025839
地址、电话：北京市大兴区新华路961号 010-51008690
开户行及账号：交通银行北京建国门支行 62226001022588777101

密码区：03*3187<4/+8490<+95-59+7<243 4987<0-→-6>525<693719-)>7*7 87*3187<4/+8490<+95708681380 9<712/<1+9016>6906++>84)93/-

货物应税劳务、服务名称	规格型号	单位	数量	单价	金额	税率	税额
*住宿服务*住宿			1	5000.00	5000.00	6%	300.00
合计					¥5000.00		¥300.00

价税合计(大写) ⊗伍仟叁佰元整　(小写) ¥5300.00

销售方：
名称：北京磐基国际大酒店
纳税人识别号：911101153315450332
地址、电话：北京市大兴区安亭镇街友谊道路25号 010-38237536
开户行及账号：交通银行北京大兴支行 419412064920483443000

收款人：　复核：　开票人：李晓霞　销售方(章)

图 3-6（续)

北京磐基国际大酒店客房账单

日期:2019年12月10日
客房号:1805
人数:2
账单号:08761210081

消费项目	单位	数量	单价	金额
住宿				5300.00

合计金额: ￥5300.00
预收房费: ￥2400.00
  会员卡: ￥2000.00
  POS收款: ￥900.00

北京磐基国际大酒店
地址: 北京市大兴区安亭镇街友谊路25号   预订电话:010-38237536

签购单

商户名(MERCHANT NAME):
北京磐基国际大酒店
商户号(MERCHANT NO):
104350654112725
终端号(TERMINAL NO):
04602508
卡号(CARD NO):
625906******2873
收单行号:61043800
发卡行名:交通银行北京大兴支行
交易类型(TRANS TYPE):
消费
有效期(EXP DATE):2020
批次号(BATCH NO): 001222
凭证号(VOUCHER NO):005824
参考号(REFER NO):133530331427
交易日期(DATE): 2019-12-10
交易时间(TIME): 09:46:20
操作员号(OPERATOP NO): 0336
金额(AMOUNT): RMB900.00
备注(REFERENCE):
持卡人存根(CARD HOLDER COPY)
王丹丹

本人确认以上交易
同意将其记入本卡账户
I ACKNOWLEDGE SATISFACTORK
RECEIPT OF RELATIVE GOODS/S
商户存根(MERCHANT COPY)

图 3-6（续）

任务 2　客房营业费用的核算

【做中学，学中做】

北京磐基国际大酒店 12 月客房消耗品具体用量如图 3-7 所示。

客房消耗品用量表

编制单位: 北京磐基国际大酒店　　　　　2019-12-10　　　　　　　　单位:元

名称	单位	数量	单价	金额
一次性牙刷	个	5895	0.25	1473.75
一次性牙膏	支	5985	0.25	1496.25
一次性剃须刀	把	2600	5.00	13000.00
鞋拔	卷	5840	3.00	17520.00
浴帽	个	4501	0.20	900.20
沐浴露	瓶	3545	0.50	1772.50
洗发水	瓶	3465	0.50	1732.50
浴皂	块	1240	0.30	372.00
合计				￥38267.20

收款人: 林晓云　　　　交款人: 吴苗苗　　　　制表: 洪文星

图 3-7

任务要求：月末根据客房消耗品用量表，做客房部一次性用品消耗账务处理（图 3 - 8）。

记 账 凭 证

记字　号		日期：			附单据　张
摘要	科目名称		借方金额	贷方金额	
合计					
记账	审核	出纳		制单	

图 3 - 8

北京磐基国际大酒店客房重新装修后，装修费按 3 年摊销，根据客房部装修费分摊表做客房装修费分摊账务处理（图 3 - 9）。

客房部装修费分摊表

北京磐基国际大酒店　　　　2019 年 12 月　　　　单位：元

部门	面积（平方米）	总面积（平方米）	装修费用	比率	月装修费分摊
客房部	35000	61980	75350.30	56.47%	42550.31
合计	--	--	--	--	￥42550.31

审核：马秀丽　　　　制表：李晓霞

记 账 凭 证

记字　号		日期：			附单据　张
摘要	科目名称		借方金额	贷方金额	
合计					
记账	审核	出纳		制单	

图 3 - 9

任务要求：月末根据客房部装修费分摊表，做客房装修费分摊账务处理。

【小结】

酒店房屋建筑和各项设置的巨额投资耗费是以折旧和摊销的方式在费用中反映的。因此，客房以出租房价设施而取得收入的经营项目，无法计算成本，只能核算费用，客房涉及的费用种类繁多，金额巨大，会计核算非常重要。因客房经营的需要，客房部下一般又分设房务部、洗衣房、客房迷你吧和绿化部，各自负担相关费用，客房费用按重要性和发生频率，可分为日常费用和固定费用。

行业会计比较

酒店业营业
成本的核算3

一、日常费用

日常费用包括客房为正常经营而进行的物料采购、领用、调拨等所产生的费用，这些费用是为了客房正常营业而发生的，如果客房未被租出去，没有收入，也就不会发生费用。日常费用主要包括一次性消耗用品、清洁用品、花篮、布草干洗、维修物品等的采购和领用所产生的费用，记入"销售费用——物料消耗/清洁用品/布草费/其他"等科目。

二、固定费用

固定费用包括为了客房正常运转，不管有无住客都要发生的费用，包括变动性发生的能源消耗和固定发生的各项分摊费用，如电力费、温泉费及酒店装修费等。

【巩固提升】

1. 2019年6月10日，北京磐基国际大酒店用现金购买一批绿化植物，根据背景单据做相关分录（图3-10）。

购入物资（食品）直拨验收单

2019年06月10日　　　　　　　　　　NO. 000002890

交货单位	北京丽悦商贸有限公司	发票号码	30961856		收货单位	客房		收货日期	2019-06-10	第一联 财务结账（黑）
编号	名称、型号、规格		计量单位		数量		价格		备注	
				交验	实收	单价	金额		
1001	盆栽		盆	45	45				
1002	树苗		株	10	10				
	合　　　　　计								

财务部：马秀丽　　部门经理：王娜　　收货：　　缴库人：　　制单：李晓霞

收款收据

NO.00490027

2019年06月10日

今收到 北京磐基国际大酒店　　　　　 现金收讫

交来：购买绿植款

金额（大写）　零佰　零拾　零万　壹仟　叁佰　伍拾　零元　零角　零分

¥ 1350.00　　☑现金　□转账支票　□其他

核准 王心　　会计　　记账　　出纳 黄凯　　经手人 林晓云

图3-10

北京增值税电子普通发票

			发票代码：110006269988
机器编号：661923229163			发票号码：30961888
			开票日期：2019年06月10日
			校验码：82465 87756 22282 63336

| 购买方 | 名　称：北京磐基国际大酒店
纳税人识别号：911101153315450332
地址、电话：北京市大兴区安李镇街友谊路25号 010-38237536
开户行及账号：交通银行北京大兴支行 41941206492048343443000 | 密码区 | 03*3187<4/+8490<+95-59+7<243
4987<0—>>-6>525<693719>>7*7
87*3187<4/+8490<+95708681380
9<712/<1+9016>6906++>84>93/- |

货物或应税劳务、服务名称	规格型号	单位	数　量	单　价	金　额	税率	税　额
*花卉*绿化植物					1238.53	9%	111.47
合　计					￥1238.53		￥111.47

价税合计（大写）	⊗ 壹仟叁佰伍拾元整		（小写）￥1350.00
销售方	名　称：北京怡悦商贸有限公司 纳税人识别号：911101083939798346 地址、电话：北京市海淀区姚家街大庆路4号 010-12462730 开户行及账号：交通银行北京海淀支行 41809584635447412800	备注	北京怡悦商贸有限公司 911101083939798346 发票专用章

收款人：黄凯	复核：王童	开票人：王心	销售方：（章）

图3-10（续）

2. 2019年12月31日，北京磐基国际大酒店计提客房部工资，请根据背景单据编制相关分录（图3-11）。

客房部工资汇总表

编制单位：北京磐基国际大酒店　　　　2019年12月　　　　单位：元

名称	员工人数	金额
房务中心	30	73273.00
迷你吧	5	13564.00
洗衣房	10	25460.00
绿化组	5	9803.00
合计	—	￥122,100.00

图3-11

任务3　客房营业成本的核算

【做中学，学中做】

2019年6月末，根据客户销售报表，做客房迷你吧销售商品账务处理（图3-12）。

12月份迷你吧销售明细表

品名	单位	单价	本月销售	
			数量	金额
牛肉干	包	4.5	568.00	2,556.00
德芙巧克力	盒	9.8	156.00	1,528.80
薯片	包	7.8	148.00	1,154.40
矿泉水	瓶	1.8	546.00	982.80
纯牛奶	瓶	2.5	245.00	612.50
王老吉	听	2.8	254.00	711.20
旺仔牛奶	听	2.8	341.00	954.80
苏打水	听	2.8	125.00	350.00
红牛	听	3.2	284.00	908.80
王老吉	听	2.8	210.00	588.00
合计				10,347.30

部门负责人：雒晨华　　　　审核：黄仁英　　　　制表：黄芳

图3-12

记 账 凭 证

记字 号		日期：		附单据 张	
摘要	科目名称		借方金额	贷方金额	
合计					

记账　　　　　审核　　　　　出纳　　　　　制单

图 3 – 12 （续）

【小结】

酒店中能吃的东西才能计算成本的特点决定了酒店客房的成本，其只涉及客房迷你吧的成本，客房迷你吧的商品包括饮料、酒水、食品和其他杂货等。

【巩固提升】

1. 2019 年 6 月 10 日，北京磐基国际大酒店用现金采购水果用于客房部销售，根据发票和直拨单，做采购的相关分录（图 3 – 13）。

图 3 – 13

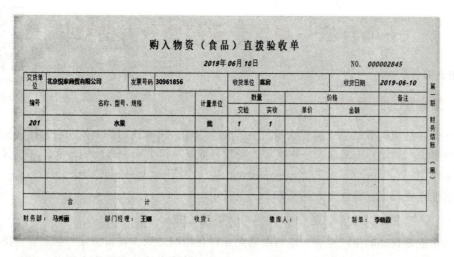

图 3-13（续）

2. 2019 年 12 月 13 日，北京磐基国际大酒店客房从餐厅调拨食品到客户迷你吧销售，根据背景单据编制记账凭证（图 3-14）。

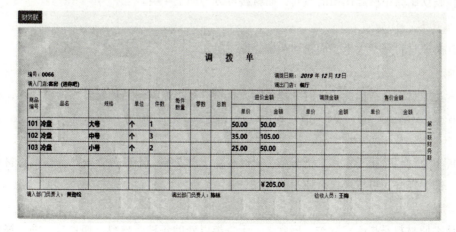

图 3-14

子项目三　餐饮企业经营业务的核算

餐饮经营
业务的核算

【知识储备】

一、餐饮企业的经营特点

餐饮企业是指从事加工烹制餐饮制品供应给消费者食用和饮用的企业，它包括各种类型中餐馆、西餐馆、酒吧、咖啡店、小吃店等。餐饮行业是一个分布面极广的行业，在国民经济中起着重要作用。

与其他企业相比，餐饮企业具备如下三个特点。

（一）餐饮企业类似于制造企业又不同于制造企业

餐饮企业是食品的生产企业，这与制造企业存在相同之处。餐饮企业与制造企业的不同之处在于：首先，制造企业的主要职能是进行生产，一般不直接从事零售和服务；其次，制造企业的生产通常是大批量、机械化、自动化的，而餐饮企业的食品生产过程直接面向消费者，主要从事单件、小批量的生产加工工作，加工过程中直接人工投入较大，技术要求较高。

（二）餐饮企业类似于零售企业又不同于零售企业

餐饮企业直接向销售者提供产品，这与零售企业是类似的。餐饮企业与零售企业的不同之处在于：首先，餐饮企业不仅是产品的销售者，还是产品的生产者；其次，餐饮企业不仅向消费者提供产品，还提供服务。

（三）餐饮企业具备服务企业的特征

餐饮企业不仅向消费者提供产品，还要为消费者提供舒适的消费场所以及优质的服务。

因此，餐饮企业同时具备制造企业、零售企业及服务企业的功能，但与制造企业、零售企业及服务企业又存在区别。

二、餐饮企业原材料的分类

（一）按原材料在餐饮制品中所起作用的不同划分

按在餐饮制品中所起作用的不同，原材料可分为如下4类。

1. 粮食类

粮食类原材料是指大米、面粉和杂粮等原材料。

2. 副食类

副食类原材料是指肉禽蛋、时令蔬菜等原材料、这类原材料品种繁多，价格悬殊，容易变质，库存不易太多。

3. 干货类

干货类原材料是指干木耳、干蘑菇、干红枣、干黄花菜、干墨鱼等干菜。这类原材料保质期较长，便于保存，可考虑保有适当的库存。

4. 其他类

其他类原材料是指除粮食类、副食类、干货类以外的各种原材料，如食盐、油、酱油、香料、醋、鸡精、白糖等。

（二）按原材料存放地点的不同划分

按存放地点的不同，原材料分为入库管理原材料和不入库管理原材料。

1. 入库管理原材料

入库管理原材料是指采购量大、保质期较长的原材料，如粮食类、干货类及其他类原材料。入库管理原材料在购进时应办理入库手续，由专人保管，建立原材料明细账，建立领料制度，保持合理的储存量。

2. 不入库管理原材料

不入库管理原材料是指采购量小、保质期较短的原材料，如肉与时令蔬菜等副食类原材料。这类原材料随时采购，购入时交由厨房验收后使用。

任务 1　原材料和饮食制品成本的核算

原材料和
饮食制品
成本的
核算（上）

【做中学，学中做】

大兴饭店是一家中型餐饮服务企业，经营情况良好。该饭店对原材料采取永续盘存制。2021 年 9 月期初库存原材料结存情况见表 3 - 4。

表 3 - 4　库存原材料结存表

2020 年 8 月 31 日

品名	数量/千克	单价/元	金额/元
大米	100	3.50	350
面粉	110	3.90	429
香菇	32.925	40.00	1 317
木耳	50	45.00	2 250
色拉油	40	9.60	384
白糖	40	8.00	320

本月发生如下经营业务。

（1）2 日，从肉联厂购进鲜肉 300 千克，每千克 11 元，取得增值税专用发票，货款以转账支票支付（图 3 - 15）。鲜肉已由厨房验收备用。

记 账 凭 证

记字 号		日期：		附单据 张
摘要	科目名称		借方金额	贷方金额
合计				

记账　　　　审核　　　　出纳　　　　制单

图 3 - 15

（2）3日，从大兴菜市场购进各种新鲜蔬菜300千克，货款共计2 100元，以现金支付，蔬菜直接送厨房备用，开具农产品收购发票（图3-16）。

图3-16

（3）4日，向田老太土产公司购进新鲜蘑菇50千克，每千克15元；冬笋40千克，每千克40元；松子15千克，每千克50元。取得增值税专用发票，以转账支票付清账款，已由厨房验收备用（图3-17）。

图3-17

任务2　餐饮企业经营业务的核算

原材料和饮食制品成本的核算（下）

【做中学，学中做】

大兴饭店是一家中型餐饮服务企业，经营情况良好。该饭店对原材料采取永续盘存制。2021年9月期初库存原材料结存情况见表3-4。

本月发生如下经营业务。

（1）2日，从肉联厂购进鲜肉300千克，每千克11元，取得增值税专用发票，货款以转账支票支付（图3-15）。鲜肉已由厨房验收备用。

（2）4日，向田老太土产公司购进新鲜蘑菇50千克，每千克15元；冬笋40千克，每千克40元；松子15千克，每千克50元。取得增值税专用发票，以转账支票付清账款，已由厨房验收备用（图3-17）。

（3）7日，向东盛水产公司购进条虾120千克，每千克60元；虾仁60千克，每千克80元；黄花鱼150千克，每千克150元。取得增值税专用发票，已由厨房验收备用，账款以转账支票付讫（图 3 - 18）。

记 账 凭 证

记字	号		日期：			附单据	张
	摘要	科目名称		借方金额		贷方金额	
⊕⊗							
⊕⊗							
⊕⊗							
⊕⊗							
⊕⊗							
	合计						
记账		审核		出纳		制单	

图 3 - 18

（4）8 日，厨房领用大米 1 000 千克，每千克 3.5 元；面粉 800 千克，每千克 3.9 元（图 3 - 19）。

记 账 凭 证

记字	号		日期：			附单据	张
	摘要	科目名称		借方金额		贷方金额	
⊕⊗							
⊕⊗							
⊕⊗							
⊕⊗							
⊕⊗							
	合计						
记账		审核		出纳		制单	

图 3 - 19

（5）9 日，向金乡肉食公司购进牛肉 180 千克，每千克 36 元；鸡肉 200 千克，每千克 15 元。取得增值税专用发票。货已由厨房验收备用，账款以转账支票付讫（图 3 - 20）。

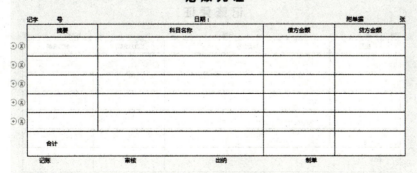

记 账 凭 证

记字	号		日期：			附单据	张
	摘要	科目名称		借方金额		贷方金额	
⊕⊗							
⊕⊗							
⊕⊗							
⊕⊗							
⊕⊗							
	合计						
记账		审核		出纳		制单	

图 3 - 20

（6）11日，向百味调味品厂购进鸡精等调味品一批，总计1 800元。取得增值税专用发票。调味品已验收入库，账款以转账支票付讫（图3–21）。

记 账 凭 证

记字 号		日期：			附单据 张
摘要		科目名称		借方金额	贷方金额
合计					
记账		审核	出纳		制单

图 3 – 21

（7）14日，向丰收米行购入大米1300千克，每千克3.6元；面粉900千克，每千克4元。取得增值税专用发票。粮食已验收入库，并签发转账支票付清账款（图3–22）。

记 账 凭 证

记字 号		日期：			附单据 张
摘要		科目名称		借方金额	贷方金额
合计					
记账		审核	出纳		制单

图 3 – 22

（8）20日，厨房领用调料1 000元；香菇30千克，每千克40元；木耳40千克，每千克45元；色拉油300千克，每千克9.6元（图3–23）。

记 账 凭 证

记字 号		日期：			附单据 张
摘要		科目名称		借方金额	贷方金额
合计					
记账		审核	出纳		制单

图 3 – 23

本月另发生如下经营业务。

（1）9月1日，根据8月31日厨房转来的月末剩余原材料的金额5 050元，作为厨房本月份领用的原材料入账（图3-24）。

记 账 凭 证

记字 号		日期：		附单据 张
摘要	科目名称		借方金额	贷方金额
合计				
记账	审核	出纳	制单	

图3-24

（2）9月30日，厨房盘点原材料结存情况，见表3-5。

表3-5 厨房原材料结存表

2021年9月30日

品名	数量/千克	单价/元	金额/元
大米	100	3.50	350
面粉	210	3.90	819
香菇	10	40.00	400
木耳	15	45.00	675
色拉油	130	9.60	1 248
合计	—	—	3 492

月末做假退料处理，进行相关账务处理（图3-25）。

记 账 凭 证

记字 号		日期：		附单据 张
摘要	科目名称		借方金额	贷方金额
合计				
记账	审核	出纳	制单	

图3-25

【小结】

一、餐饮企业原材料成本的核算

（一）原材料的计价

为了正确核算原材料的成本，必须对原材料进行合理的计价，同时也为下一步骤的营业成本计算奠定基础。

原材料成本分为外购原材料成本和自制原材料成本。

（1）外购原材料成本由含税价格和采购费用两部分构成。

（2）自制原材料成本由其耗用的原材料成本、人工费用及其他费用组成，委托外部加工的原材料成本由被加工原材料成本、委托加工费用及往返运杂费等组成。

（二）原材料的领用

如前所述，餐饮企业的原材料按存放地点的不同可分为入库管理原材料和不入库管理原材料。其中对于入库管理原材料，根据生产需要向仓库领料时，应填制领料单，列明原材料的名称、数量、单价和金额，领料单审核无误后，据以借记"主营业务成本"账户，贷记"原材料"账户。不入库管理原材料大多是采购员按厨房开出的申购单进行采购，经验收人验收后，开直拨单确认收入，原材料直接交厨房收货用，会计记入"原材料"账户后，直接转入"主营业务成本"账户。

原材料采购批次不同，可能由于季节、地区等的不同存在加工差异，因此发料时首先应当考虑其单价。发出原材料的计价方法有个别计价法、先进先出法、加权平均法、移动加权平均法等。

二、餐饮制品成本的核算

餐饮企业由于品种繁多，现做现卖，生产和销售紧密相连，所以不能对餐饮制品逐件进行成本计算。根据餐饮企业的经营特点，一般采用永续盘存制和实地盘存制。

（一）永续盘存制

永续盘存制是根据会计凭证逐笔登记原材料的收入与发出，并随时结出账面结存数量的方法。在永续盘存制下，月末厨房可能存在已领用的原材料、在制品及未售的制成品，月初厨房同样也会存在已领未用的原材料、在制品和未出售的制成品。考虑到厨房的期初、期末余额，永续盘存制下的原材料耗用成本计算公式如下：

原材料耗用成本 = 厨房期初结存额 + 本期领用额 − 厨房期末结存余额

月末，财会部门以盘存表代替退料单，不移动厨房食物，作假退料处理。

永续盘存制适用于核算制度比较健全的餐饮企业。其核算手续严密，责任严明，有利于加强对原材料的监督管理。

（二）实地盘存制

实地盘存制是根据期末盘点来确定期末原材料的数量，进而确定本期发出原材料数量的方法。采用这种方法，平时只登记原材料的收入，不填领料单。原材料的账面记录，只登记收入数量和数额，不登记发出数量。实地盘存制下原材料耗用成本公式如下：

原材料耗用成本 = 仓库期初余额 + 厨房期初结存额 + 本月原材料收入总额 − 仓库期末结存额 − 厨房期末结存额

实地盘存制不能随时反映企业原材料的领用和结存余额，容易混淆成本和损失，易掩盖人为的损失和浪费，不利于监督和管理，一般适用于小规模的餐饮企业。

注意事项：餐饮企业成本核算中应注意永续盘存制与实地盘存制的区别，如在两种制度下是否都需要对领料进行登记以及原材料耗用成本的计算方式等。

【巩固提升】

2019年6月10日，北京磐基国际大酒店的采购员在海鲜市场用现金购买食品，请根据背景单据编制相关记账凭证（餐厅成本核算采用倒挤法）（图3-26）。

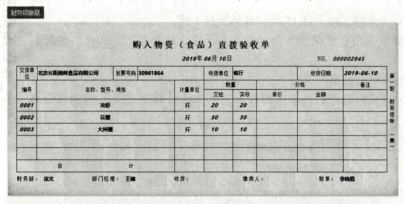

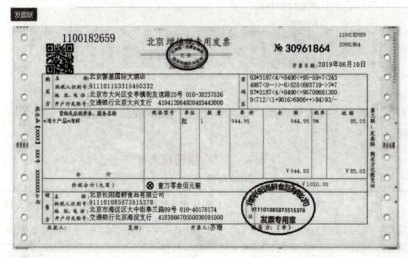

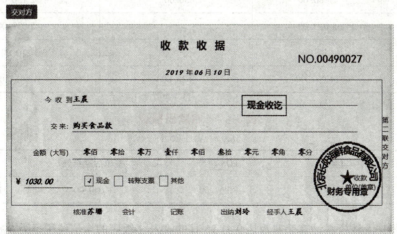

图 3-26

任务3 餐饮企业饮食制品定价和销售的核算

【做中学，学中做】

荣府饭店9月20日部分菜肴的配料如下。

（1）双菇炒冬笋：冬笋0.2千克，每千克40元；香菇0.15千克，每千克40元；蘑菇0.2千克，每千克15元；其他配料1元。

（2）红烧黄花鱼：黄花鱼1条，重0.6千克，每千克150元；其他配料2元。

餐饮企业饮食
制品定价
和销售的核算1

该饭店的销售毛利率为50%。

要求：分别采用销售毛利率法和成本毛利率法计算上述菜品的销售价格（图3-27）。

(1) 采用销售毛利率法：

$$双菇炒冬笋零售价=\frac{0.2\times40+0.15\times40+0.2\times15+1}{1-50\%}=36（元）$$

$$红烧黄花鱼零售价=\frac{0.6\times150+2}{1-50\%}=184（元）$$

(2) 采用成本毛利率法：

成本毛利率=100%

双菇炒冬笋零售价=（0.2×40+0.15×40+0.2×15+1）×（1+100%）

=36（元）

红烧黄花鱼零售价=（0.6×150+2）×（1+100%）=184（元）

图3-27

9月25日，荣府饭店收款台转来"销货日报表"和"收款日报表"，见表3-6、表3-7，并交来销货现金13 437.00元。

表3-6 销货日报表

2020年9月25日   元

项目	金额	（减:）金卡优惠	应收金额
菜肴	6 633.00	595.00	6 038.00
点心	2 180.00	30.00	2 150.00
饮料	5 039.00		5 039.00
其他	210.00		210.00
合计	14 062.00	625.00	13 437.00

表3-7 收款日报表

2020年9月25日   元

收款方式	现金	POS刷卡	签单后期结账	合计
金额	2 820.00	8 967.00	1 650.00	13 437.00

要求：根据上述资料计算荣府饭店9月25日的收入（饭店的增值税税率为6%，POS刷卡手续费率为5‰）（图3-28）。

记账凭证

记字　号		日期：		附单据　　张
摘要	科目名称		借方金额	贷方金额
合计				
记账　　　　审核　　　　　出纳　　　　　制单				

记账凭证

记字　号		日期：		附单据　　张
摘要	科目名称		借方金额	贷方金额
合计				
记账　　　　审核　　　　　出纳　　　　　制单				

图 3 – 28

【小结】

一、确定餐饮制品的销售价格

餐饮企业的餐饮制品种类繁多，烹饪技术和服务质量各异，一般根据产品的质量、技术等确定餐饮制品的毛利率，并根据原材料的成本确定销售价格。确定餐饮制品的销售价格，一般有销售毛利率法和成本毛利率法。

（一）销售毛利率法

销售毛利率是指餐饮制品的销售毛利与销售价格之间的比值，即

销售毛利率 =（销售价格 – 成本价格）× 100% = 销售毛利/销售价格 × 100%

由此，可知餐饮制品的销售价格计算公式为：

销售价格 = 成本价格/（1 – 销售毛利率）

（二）成本毛利率法

成本毛利率是指销售毛利与原材料成本价格的比值，即

成本毛利率 = 销售毛利/成本价格 × 100%

由此，可知餐饮制品的销售价格公式为：

销售价格 = 成本价格 ×（1 + 成本毛利率）

餐饮企业饮食
制品定价
和销售的核算2

二、核算销售收入

餐饮企业每日营业终了，一般由前台收款员根据销售单据编制"销货日报表"，并根据收

款情况编制"收款日报表",将其连同营业款送交财会人员入账。餐饮企业的饮食收入应在"主营业务收入——餐饮收入"账户进行核算。

【巩固提升】

2019 年 12 月 10 日,北京磐基国际大酒店自助餐厅的客人进行消费,请根据背景单据做相关分录(图 3 - 29)。

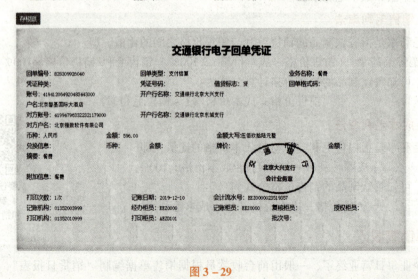

图 3 - 29

项目四

建筑施工企业会计核算

【知识目标】

- 认识建筑施工生产经营活动；
- 了解建筑施工企业会计核算的特点；
- 掌握建筑施工中周转材料、临时设施、往来款项的会计核算；
- 掌握建筑施工中工程成本、工程合同收入的会计核算。

【能力目标】

- 具备处理建筑施工企业典型经济业务核算的能力；
- 能辨别建筑施工企业会计核算方法与其他企业会计核算方法的不同。

【素质目标】

- 树立严谨的职业道德观，讲诚信，守道德，遵守职业规范，具有较强的责任感和全局意识；
- 有理想，懂政策，遵纪守法，勤奋向上，有良好的公共道德素养；
- 具备较强的社会适应能力和人际沟通能力。

【思政目标】

培养坚定立场、守正创新的品格。党的二十大报告中指出，必须坚持守正创新。我们从事的是前无古人的伟大事业，守正才能不迷失方向、不犯颠覆性错误，创新才能把握时代、引领时代。

劳动模范李向阳

施工企业中的
会计核算1

【行业认知】

建筑施工企业是国民经济中一个重要的生产部门，是主要从事建筑工程、安装工程以及其他专门工程的经济法人组织。建筑施工企业会计是会计学的一个分支，其会计核算主要包括对会计主体的经济行为进行确认、计量、记录和报告。建筑施工企业建设程序主要包括工程建设前期阶段、工程建设准备阶段、工程建设施工阶段、工程建设竣工阶段。建筑施工企业会计要真实完整地记录企业整个施工建设过程的全部数据，为企业高层管理者提供高质量的有效信息，优化项目经营管理和施工作业管理。

【知识储备】

一、建筑施工企业的特点

施工企业中的
会计核算2

建筑施工企业的主要生产任务是进行建筑安装工程和其他专门工程施工。建筑工程施工有不同于一般工业企业生产的特点。

建筑施工企业的特点主要包括以下四个方面。

（1）施工生产具有流动性。建筑安装工程一般都是根据批准的基本建设计划和设计要求，在建设单位指定的地点进行施工，建筑产品的固定性使施工队伍和施工机械在不同工地、不同工程项目间流动施工。

（2）建筑产品生产具有单件性。建筑施工企业建造的建筑产品都有不同的功能、结构和用途，只能按照建设要求和单个图纸组织单件生产，不能像工业企业那样组织批量生产。

（3）建筑产品生产具有长期性。这是因为建筑施工企业生产的建筑安装工程等产品，除了少部分工程造价低、耗费少以外，大多是体积庞大、造价高、耗费大的工程，少的工期为几个月，而大多数工程需要跨年度施工，有的工程工期长达几年甚至十几年。

（4）建筑产品生产具有露天性。由于建筑产品的露天性，施工生产受自然气候条件影响，比如在东北地区冬季难以进行施工，所以需要合理确定固定资产折旧等核算方法。

二、建筑施工材料的分类

高楼大厦不是一夜之间拔地而起的，它们是由沙子、水泥、木材甚至螺丝钉，一钉一铆建造而成的。建筑材料可以根据它们在生产施工过程中所起的作用不同分成一般材料和周转材料。

（1）一般材料是指用于施工生产并构成工程实体的各种材料，包括沙子、水泥、钢材等。

（2）周转材料主要是指在施工生产中多次使用并保持实物形态的工具性材料，比如模板、挡板、枕木等。周转材料根据使用状况的不同可以分为在库周转材料和在用周转材料。这里需要注意，由于周转材料的特点不同，建筑施工企业需要根据具体情况采用合理的摊销方法，摊销方法一旦确定，一般情况下不可以随意更改。

三、临时设施

为了保证施工生产的顺利进行，建筑施工企业会建造一些简易设施，比如现场临时办公室、作业棚、储水池、供电供水设施、临时宿舍、食堂等，它们都被统称为临时设施。临时设施属于建筑施工企业的其他资产。

临时设施核算过程主要包括构建、摊销和报废三个环节。一般设置"临时设施"和"临时设施摊销"两个账户。

四、工程成本的核算

工程成本是指建筑施工企业为某项工程施工生产而发生的各种生产耗费总和。在核算工程成本时，一般设置五个成本项目。

（一）人工费用

人工费用包括施工生产工人的工资、社会保险等。

（二）材料费用

材料费用包括施工过程中耗用的构成工程实体的主要材料、结构件的费用以及周转材料的摊销和租赁费用。

（三）机械使用费用

机械使用费用包括施工过程中使用自有施工机械所发生的机械使用费和租用外单位施工机械的租赁费用以及施工机械安装、拆卸和进出场费用等。

（四）其他直接费用

其他直接费用指在施工过程中发生的除上述三项直接费用以外的其他可直接计入各成本核算对象的费用，包括施工生产中发生的流动施工津贴、生产工具用具使用费、检验试验费、工程定位复测费、场地清理费等。

（五）施工间接费用

施工间接费用是指建筑施工企业下属各施工单位或生产单位为组织和管理施工生产活动所发生的费用，如在分公司、项目部等处发生的施工管理人员工资、社会保险等以及固定资产折旧费及修理费、临时设施摊销费、低值易耗品摊销费、水费、差旅费、办公费、财产保险费、工程保修费等。它的构成与工业企业的"制造费用"类似。

五、合同收入与合同费用

（一）合同收入

合同收入是指建筑施工企业在承包工程、提供劳务等日常活动中所形成的经济利益总流入，是建筑施工企业的主营业务收入。

合同收入的内容由两部分构成：合同的初始收入（建造承包商与客户在双方签订的合同中最初商定的合同总金额，它是合同收入的基本内容）和合同变更、索赔、奖励形成的收入（这部分收入不构成合同双方在签订合同时商定的合同收入的总金额，而是合同变更、索赔、奖励等原因形成的收入，这部分收入必须严格履行手续才能构成总收入）。

（二）合同费用

合同费用是指建筑施工企业已经发生的，与已确认合同收入相配比的工程或劳务的成本，它是建筑施工企业的主营业务成本。

（三）合同收入与合同费用的确认

在建造合同结果能够可靠控制的情况下，应当采用完工百分比法确认合同收入和合同费用。

完工百分比法是根据合同的完工程度来确认合同收入和合同费用的方法。其运用程序是：首先确定建造合同完工程度，计算完工百分比，然后根据完工百分比计量和确认当期的合同收入和合同费用。

确认合同完工进度有以下三种方法。

（1）根据累计实际发生的合同成本占合同预计总成本比例确定：

合同完工百分比 = 累计实际发生的合同成本/合同预计总成本 × 100%

（2）根据已完成的合同工作量占合同预计总工作量的比例确定：

合同完工百分比 = 已经完成的合同工作量/合同预计总工作量 × 100%

（3）特殊建造合同不适用于以上两种方法确定完工进度时，可以对工作直接进行测量。

子项目一　建筑施工准备阶段业务核算

建筑施工准备
阶段业务核算1

【做中学，学中做】

任务 1　缴纳前期费用

1. 缴纳竞标保证金

2019 年 6 月 5 日，北京三金建筑工程有限公司参加一项写字楼工程的竞标，同时缴纳竞标保证金 5 万元，请根据背景单据进行账务处理（图 4 - 1）。

图 4-1

2. 缴纳工程测量费

2019 年 6 月 15 日，北京三金建筑工程有限公司缴纳写字楼工程测量费，请根据背景单据进行账务处理（图 4-2）。

图 4-2

记 账 凭 证

记字 号		日 期：			附单据 张
摘要	科目名称		借方金额	贷方金额	
合计					

记账　　　　　审核　　　　　出纳　　　　　制单

图 4-2（续）

3. 购买意外险

北京三金建筑工程有限公司为参与写字楼工程施工的工地人员购买意外伤害险，现有两张背景单据，请根据背景单据进行账务处理（图4-3）。

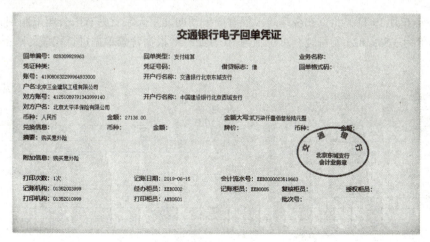

图 4-3

图 4-3（续）

任务 2　采购业务核算

1. 采购钢材

2019 年 6 月 19 日，北京三金建筑工程有限公司向北京天宇贸易有限公司采购钢材 125 吨，不含税单价为 3 539.823 元每吨，总价款为 50 万元。请根据背景单据进行相应的账务处理（图 4-4）。

图 4-4

图 4-4（续）

2. 采购劳保用品

背景单据如图 4-5 所示。

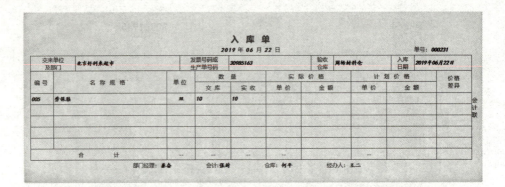

入库单

2019年 06 月 22 日

单号：000231

交来单位及部门	北京好利来超市		发票号码或生产单号码	30985163		验收仓库	周转材料仓	入库日期	2019年06月22日

编号	名称规格	单位	数量		实际价格		计划价格		价格差异	
			交库	实收	单价	金额	单价	金额		
005	劳保鞋	双	10	10						会计联
合　　计			--	--						

部门经理：姜奋　　　会计：张娇　　　仓库：何平　　　经办人：王二

北京增值税专用发票

1100192650　　1100192650　　30985163

№ 30985163

开票日期：2019年06月22日

向买方	名　称：北京三金建筑工程有限公司 纳税人识别号：9111010193854048 48 地　址、电话：北京市东城区曹建街大盛路13号 010-13004985 开户行及账号：交通银行北京东城支行　41908063229996493 3000	密码区	03*3187<4/+8490<+95-59+7<243 4987<0-->>-6)525<893719-->7*7 87*3187<4/+8490<+95708681380 9<712/<1+9016>6906++>84)91/-

货物或应税劳务、服务名称	规格型号	单位	数量	单价	金额	税率	税额
*鞋*劳保鞋		双	10	88.4956	884.96	13%	115.04
合　计					￥884.96		￥115.04
价税合计（大写）	⊗ 壹仟元整					￥1000.00	

销售方	名　称：北京好利来超市 纳税人识别号：911101152787525081 地　址、电话：北京市大兴区长街河东路39号 010-23767434 开户行及账号：交通银行北京大兴支行　415050218247836287000		

收款人：　　　　复核：　　　　开票人：海绵

第三联 发票联 购买方记账凭证

报销申请单

填报日期：2019年 06 月 22 日

姓名	李建华		所属部门	采购部	
报 销 项 目	摘　　要		金　额		备注：
采购劳保用品	劳保鞋		1000.00		
	现金付讫				
合　　　计			￥1000.00		

金额大写：零拾零万壹仟零佰零拾零元零角零分

报销人：李建华　　部门审核：侯鸿亮　　财务审核：张娇　　审批：李丽

图 4-5

记 账 凭 证

记字　号	日期：		附单据　张
摘要	科目名称	借方金额	贷方金额
合计			

记账　　　　审核　　　　出纳　　　　制单

图 4-5（续）

任务 3　临时设施——活动房建设

建筑施工准备
阶段业务核算 2

1. 支付活动房费用

2019 年 6 月 9 日，北京三金建筑工程有限公司为竞标成功的写字楼工程建设活动房，支付购买活动房材料费，请根据背景单据进行账务处理（图 4-6）。

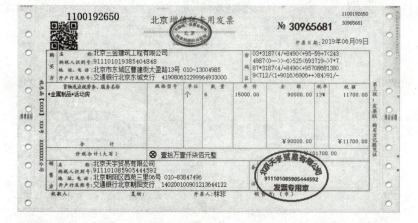

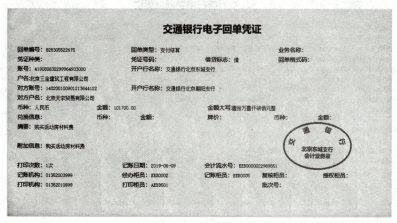

图 4-6

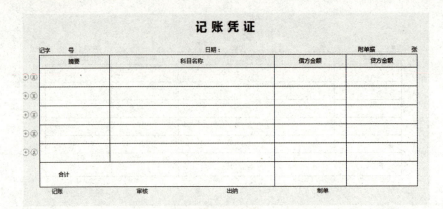

图 4-6（续）

2. 支付混凝土费用

北京三金建筑工程有限公司通过安徽海螺水泥股份有限公司采购混凝土，请根据背景单据完成账务处理（图 4-7）。

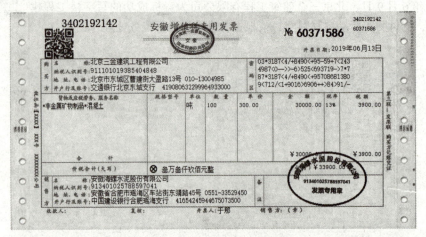

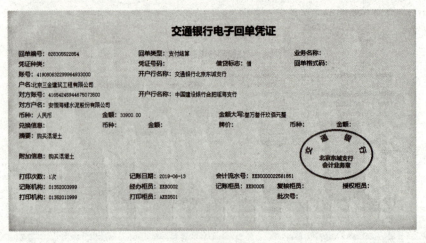

图 4-7

记 账 凭 证

记字 号		日期:		附单据 张	
摘要		科目名称	借方金额	贷方金额	
合计					
记账	审核	出纳		制单	

图 4 - 7 （续）

3. 结转在建工程

2019 年 6 月 30 日，经过前面两个步骤的施工，活动房完工验收，根据前面的结果以及下面提供的背景单据结转在建工程，并进行账务处理（图 4 - 8）。

固定资产验收单
2019 年 06 月 30 日　　　　编号：IT0014

名称	规格型号	来源	数量	购（造）价	使用年限	预计残值
活动房		自制	1	120000.00	2	6000.00
安装费	月折旧率	建造单位		交工日期	附件	
	3.96%			2019年06月30日		
验收部门	工程组	验收人员	陈明	管理部门	工程组	管理人员 陈明
备注						

审核: 应敏　　　制单: 马丽

记 账 凭 证

记字 号		日期:		附单据 张	
摘要		科目名称	借方金额	贷方金额	
合计					
记账	审核	出纳		制单	

图 4 - 8

4. 计提活动房折旧

2019 年 7 月 31 日，写字楼工程活动房需要计提折旧费，请根据背景资料进行账务处理（图 4 - 9）。

折旧表

2019年7月31日 单位: 元

固定资产	使用部门	使用日期	原值	预计使用年限	残值	月折旧率	月折旧额	累计折旧	月末净值
临时设施	写字楼工程	2019年6月30日	120000	2	5%	0.0396	4752	4752	115248

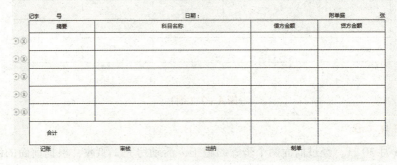

图 4 - 9

【小结】

1. 缴纳前期费用

借：工程施工——合同成本

  应交税费——应交增值税（进项税额）

   贷：银行存款

2. 采购原材料业务核算

借：原材料

  应缴税费——应交增值税（进项税额）

   贷：银行存款

3. 临时设施核算

（1）临时设施构建。

借：在建工程——临时设施

  应缴税费——应交增值税（进项税额）

   贷：银行存款

（2）临时设施结转。

借：固定资产——临时设施

   贷：在建工程——临时设施

（3）临时设施摊销。

借：工程施工——合同成本

   贷：累计折旧——临时设施

【巩固提升】

1. 临时设施是建筑施工企业特有的长期资产。会计上应设置（　　）账户对临时设施的构建、使用、摊销、拆除清理进行核算。

A. "固定资产"　　　　B. "在建工程"　　　　C. "临时设施"　　　　D. "其他长期资产"

2. 建筑施工企业临时设施清理通过（   ）账户核算。

A. "临时设施清理" B. "待处理财产损溢"

C. "在建工程" D. "固定资产清理"

3. 某建筑施工企业在施工现场搭建一栋临时工人宿舍，发生的实际搭建成本为 66 400 元，其中：领用材料的计划成本为 12 000 元，应负担的材料成本差异率为 2%，应付搭建人员的工资为 30 000 元，以银行存款支付的其他费用为 22 000 元。临时工人宿舍搭建完工后随即交付使用。临时工人宿舍的预计净残值率为 4%，预计工期的受益期限为 30 个月。

请根据上述资料，进行临时设施搭建、结转和摊销账务处理。

子项目二 建筑施工阶段业务核算

建筑施工
阶段业务
核算（1）

【做中学，学中做】

任务 1 人工费核算

1. 计提职工薪酬

2019 年 6 月 30 日，北京三金建筑工程有限公司需要计提当月职工薪酬费用，请根据背景单据进行账务处理（图 4－10）。

职工薪酬汇总表

2019年06月30日

单位: 元

部门		短期薪酬		短期薪酬					离职后福利		小计
		应付工资	五险一金税基础	医疗保险	工伤保险	生育保险	住房公积金	工会经费	养老保险	失业保险	
				10.00%	0.20%	0.80%	12.00%	2.00%	16.00%	0.80%	
工程人员	写字楼工程	210000	105000	10500	210	840	12600	4200	16800	840	255990
	仓库工程	240000	120000	12000	240	960	14400	4800	19200	960	292560
机械作业人员		26000	13000	1300	26	104	1560	520	2080	104	31694
工程现场管理工人		36000	18000	1800	36	144	2160	720	2880	144	43884
管理人员		46000	23000	2300	46	184	2760	920	3680	184	56074
合计		558000	279000	27900	558	2232	33480	11160	44640	2232	680202

记 账 凭 证

记字 号		日期：		附单据 张	
摘要	科目名称		借方金额	贷方金额	
合计					

记账   审核   出纳   制单

图 4－10

2. 缴纳工会经费

2019 年 7 月 15 日，北京三金建筑工程有限公司缴纳 6 月工会经费 11 160 元，请根据背景单据进行账务处理（图 4－11）。

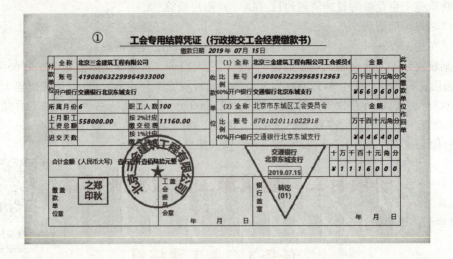

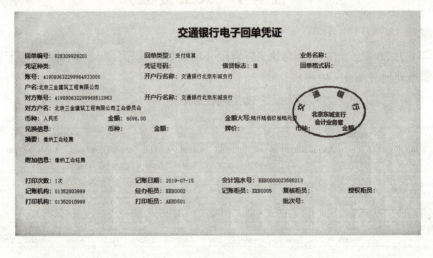

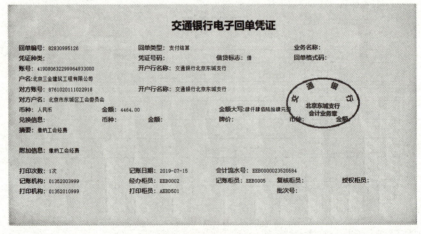

图 4-11

记 账 凭 证

记字 号		日期：		附单据 张
摘要	科目名称	借方金额	贷方金额	
合计				

记账　　　审核　　　出纳　　　制单

图 4-11（续）

任务 2　材料费核算

建筑施工
阶段业务
核算（2）

1. 领用原材料

2019 年 6 月 21 日，本月写字楼和仓库工程分别领用钢材和水泥，请根据背景单据进行账务处理（图 4-12）。

发出材料计算表

2019年06月21日　　　　　单位：元

材料	单位	期初结存材料			本月购买入库材料			本月耗用材料			期末库存材料		
		数量	单位成本	金额	数量	单位成本	金额	数量	单位成本	金额	数量	单位成本	金额
钢材	吨	344	3200	1100800	160	2670.94	427350.43	230	3032.04	697369.2	274	3032.04	830781.23
水泥	袋	40700	19	773300	15000	17.09	256410.26	23000	18.49	425270	32700	18.49	604440.26
合计				1874100			683760.69			1122639.2			1435221.49

领用材料汇总表

单位：元

材料	单位	单价	写字楼工程耗用	仓库工程耗用
钢材	吨	3032.04	110 333524.4	120 363844.8
水泥	袋	18.49	11000 203390	12000 221880
合计			11110 536914.4	12120 585724.8

记 账 凭 证

记字 号		日期：		附单据 张
摘要	科目名称	借方金额	贷方金额	
合计				

记账　　　审核　　　出纳　　　制单

图 4-12

2. 退回剩余材料

2019 年 6 月 30 日，写字楼工程剩余 400 袋水泥（单价为 18.49 元/袋）退回仓库，请根据背景单据进行账务处理（图 4 – 13）。

退 料 单

退料部门：写字楼工程项目部
退料仓库：材料仓　　　　　　　　　2019 年 06 月 30 日　　　　　　　　第　0062 号

材 料			单 位	数 量		成 本			备 注
编 号	名 称	规 格		退库	实收	单 价	总 价		
028	水泥		袋	400.00	400.00				
	合 计								

部门经理：陈立发　　　　会计：张封　　　　仓库：何平　　　　经办人：李昊

记 账 凭 证

记字　　号　　　　　　　　　　日期：　　　　　　　　　　　　　　　　附单据　　　张

摘要	科目名称	借方金额	贷方金额
合计			

记账　　　　审核　　　　　出纳　　　　　制单

图 4 – 13

3. 领用周转材料

2019 年 6 月 30 日，写字楼工程领用周转材料（安全网，单价为 50 元/米），一次性摊销，请根据背景单据进行账务处理（分录金额用正数表示）（图 4 –14）

领 料 单

领料部门：写字楼工程项目部
用　途：日常生产　　　　　　　　　2019 年 06 月 30 日　　　　　　　　第 1626　号

材 料			单 位	数 量		成 本		
编 号	名 称	规 格		请领	实发	单 价	总 价	
008	安全网		米	200	200			
合计	—	—	—	—	—	—	—	

部门经理：陈立发　　　　会计：张封　　　　仓库：何平　　　　经办人：李昊

图 4 – 14

记账凭证

记字　号　　　　　　日期：　　　　　　　　　　　附单据　　　张

摘要	科目名称	借方金额	贷方金额
合计			

记账　　　　　审核　　　　　出纳　　　　　制单

图 4-14（续）

任务 3　机械使用费核算

建筑施工阶段
业务核算（2-1）

1. 支付租赁机械费

2019 年 6 月 12 日，北京三金建筑工程有限公司租赁一台塔吊设备用于写字楼工程项目，并支付租赁机械费（含税价 4 520 元），请根据背景单据进行账务处理（图 4-15）。

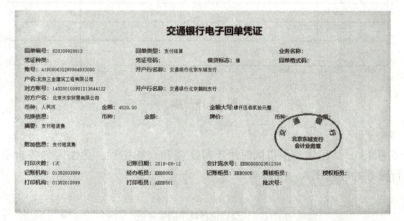

图 4-15

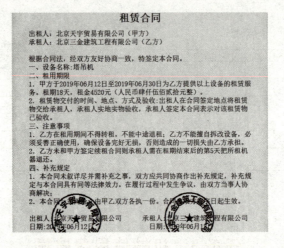

租赁合同

出租人：北京天宇贸易有限公司（甲方）
承租人：北京三金建筑工程有限公司（乙方）

根据合同法，经双方友好协商一致，特签定本合同。
一、设备名称：塔吊机
二、租用期限
1. 甲方于2019年06月12日至2019年06月30日为乙方提供以上设备的租赁服务。租期18天，租金4520元（人民币肆仟伍佰贰拾元整）。
2. 租赁物交付的时间、地点、方式及验收：出租人在合同签定地点将租赁物交给承租人，承租人实地实验验收，承租人签定本合同表示对该租赁物已验收。
三、注意事项
1. 乙方在租用期间不得转租，不能中途退租；乙方不能擅自拆改设备，必须妥善正确使用，确保设备完好无损，否则造成的一切损失由乙方承担。
2. 乙方未和甲方签定续租合同则承租人需在租期结束后的第5天把所租机器退还。
四、补充规定
1. 本合同未叙详尽并需补充之事，双方应共同协商作出补充规定，补充规定与本合同具有同等法律效力。在履行过程中发生争议，由双方当事人协商解决。
2. 本合同一式两份，由甲乙双方各执一份。合同自签字之日起生效。

出租人：北京天宇贸易有限公司　　承租人：北京三金建筑工程有限公司
日期：2019年06月12日　　　　　日期：2019年06月12日

记 账 凭 证

记字　　号		日期：		附单据　　张
摘要	科目名称		借方金额	贷方金额
合计				

记账　　　　　审核　　　　　出纳　　　　　制单

图4-15（续）

2. 租赁空压机

2019年6月13日，租赁空压机同时用于写字楼和仓库工程，无法区分各自金额，请根据背景单据进行账务处理（图4-16）。

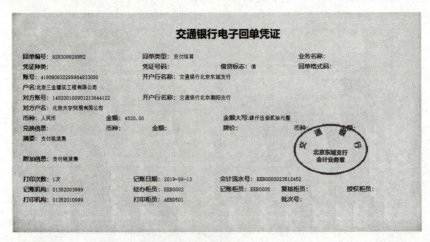

图4-16

图 4－16（续）

3. 计提机械作业人员工资

2019 年 6 月 14 日，空压机使用过程中，需要计提机械作业人员工资，请根据背景单据进行账务处理（图 4－17）。

工资明细表

2019年06月14日　　　　　　　　　　　　　　　单位：元

部门	短期薪酬	五险一金计税基础	短期薪酬					离职后福利		小计
	应付工资		医疗保险	工伤保险	生育保险	住房公积金	工会经费	养老保险	失业保险	
			10.00%	0.20%	0.80%	12.00%	2.00%	16.00%	0.80%	
机械作业人员	26000	13000	1300	26	104	1560	520	2080	104	31694
合计	26000	13000	1300	26	104	1560	520	2080	104	31694

记 账 凭 证

记字　号		日期：		附单据　张
摘要	科目名称	借方金额	贷方金额	
合计				
记账	审核	出纳	制单	

图 4－17

4. 领用油料费用

2019年6月15日，为空压机领用油料（柴油，单价6.08元/升），请根据背景单据进行账务处理（图4-18）。

领 料 单

领料部门：机械部

用　途：机械机用　　　　　　　　　　　2019年06月15日　　　　　　　　第923号

材料			单位	数量		成本	
编号	名称	规格		请领	实发	单价	总价
007	柴油		升	5500	5500		
合计		--		--	--		

部门经理：陈立友　　　会计：张封　　　仓库：何平　　　经办人：李灵

记 账 凭 证

记字　号　　　　　　　　　　日期：　　　　　　　　　　附单据　　张

摘要	科目名称	借方金额	贷方金额
合计			

记账　　　审核　　　出纳　　　制单

图4-18

5. 计提挖掘机折旧

2019年6月30日，计提挖掘机折旧（提示：挖掘机为写字楼和仓库工程共用设备），请根据背景单据进行账务处理（图4-19）。

建筑施工阶段
业务核算
（2-2）

折旧表

2019年6月30日　　　　　　　　　　　　　　　　　单位：元

固定资产	使用部门	使用日期	原值	预计使用年限	残值	月折旧率	月折旧额	累计折旧	月末净值
挖掘机	机械部	2016年6月7日	300000	5	5%	0.0158	4740	170640	129360

图4-19

记 账 凭 证

记字　号		日期：		附单据　张
摘要	科目名称		借方金额	贷方金额
合计				
记账　　　　审核　　　　出纳　　　　制单				

图 4 – 19（续）

6. 机械使用费分配计算

2019 年 6 月 30 日，请根据第 2~5 部分业务，分配机械使用费（备注：分配比例保留 4 位小数，金额保留 2 位小数，尾差计入仓库工程）（图 4 – 20）。

分配机械使用费

单位：北京三金建筑工程有限公司　　　　2019年06月30日　　　　金额单位：元

项目	工程台班使用数	分摊比例	应承担机械使用费
写字楼工程	150		
仓库工程	140		
合计	290	—	

图 4 – 20

7. 机械使用费账务处理

2019 年 6 月 30 日，请根据图 4 – 20 所示"分配机械使用费"表，进行账务处理（图4 – 21）。

记 账 凭 证

记字　号		日期：		附单据　张
摘要	科目名称		借方金额	贷方金额
合计				
记账　　　　审核　　　　出纳　　　　制单				

图 4 – 21

任务 4　其他直接费用核算

1. 支付水电费

2019 年 6 月 30 日，北京三金建筑工程有限公司支付写字楼工程施工现场水电费 16 670 元，请根据背景单据进行账务处理（图 4 – 22）。

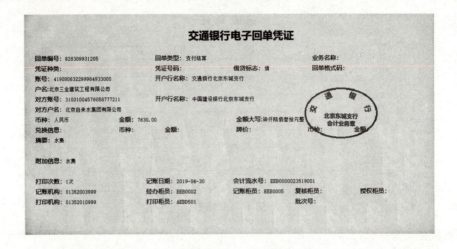

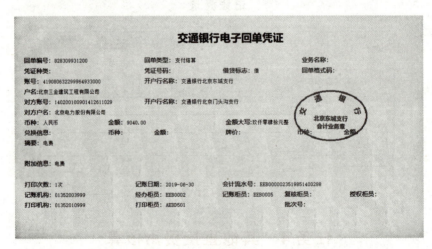

图 4 – 22

记账凭证

记字　号		日期：		附单据　张
摘要	科目名称		借方金额	贷方金额
合计				
记账	审核	出纳	制单	

图 4 - 22（续）

2. 临时设施计提折旧

2019 年 6 月 30 日，北京三金建筑工程有限公司需要对写字楼工程项目的临时设施计提折旧，请根据背景单据进行账务处理（图 4 - 23）。

折旧表

2019年6月30日　　　　　　　　　　　　单位：元

固定资产	使用部门	使用日期	原值	预计使用年限	残值	月折旧率	月折旧额	累计折旧	月末净值
临时设施	写字楼工程	2019年5月31日	120000	2	5%	0.0396	4752	4752	115248

记账凭证

记字　号		日期：		附单据　张
摘要	科目名称		借方金额	贷方金额
合计				
记账	审核	出纳	制单	

图 4 - 23

任务 5　间接费用核算

1. 计提施工现场管理人员奖金

2019 年 6 月 30 日，北京三金建筑工程有限公司计提本月施工现场管理人员奖金 40 000 元，请根据背景单据进行账务处理（备注：施工现场管理人员共同管理多个项目）（图 4 – 24）。

临时工资发放表

单位：元

姓名	身份证号码	奖金	签收
王红	350341197801130987	10000	
李莉	350442198008233400	10000	
陈帆	350332198205052200	10000	
纪蛟	350399198904021122	10000	
合计		40000	

记 账 凭 证

记字　　号	日期：		附单据　　张	
摘要	科目名称	借方金额	贷方金额	
合计				
记账　　　审核　　　出纳　　　制单				

图 4 – 24

2. 预留工程保修费

2019 年 6 月 30 日，写字楼工程完工结算 40 万元，仓库工程完工结算 50 万元，按照合同约定，工程结算价款的 2% 预留工程保修费，请进行账务处理（图 4 – 25）。

记 账 凭 证

记字　　号	日期：		附单据　　张	
摘要	科目名称	借方金额	贷方金额	
合计				
记账　　　审核　　　出纳　　　制单				

图 4 – 25

3. 工程管理人员领用周转材料

2019 年 6 月 30 日，工程管理人员领用周转材料——测量工具（单价为 1 106 元/套，一次性摊销），共领用 4 套，该批周转材料在仓库工程和写字楼工程共同使用。请根据背景单据进行账务处理（图 4 - 26）。

领 料 单

领料部门：工程管理部门							
用　途：办公			2019 年 06 月 30 日			第 951 号	
材　料			单 位	数　量		成　本	
编号	名　称	规　格		请 领	实 发	单 价	总价
011	测量工具		套	4	4		
合 计	--	--	--	--	--		
部门经理：陈立友		会计：张梦		仓库：何平		经办人：李昊	

记 账 凭 证

记字　号			日期：		附单据　张	
	摘　要	科目名称		借方金额	贷方金额	
①①						
①①						
①①						
①①						
①①						
	合 计					
记账	审核		出纳		制单	

图 4 - 26

4. 分配间接费用

请根据第 1~3 部分业务，分配间接费用（备注：分配比例保留 4 位小数，尾差计入仓库工程）（图 4 - 27）。

分配间接费用

2019年06月30日

单位：北京三金建筑工程有限公司 　　　　　　　　　　　　　金额单位：元

项目	合同结算金额	分摊比例	分配金额
写字楼工程	400000		
仓库工程	500000		
合计	900000	—	

图 4 - 27

5. 间接费用账务处理

2019 年 6 月 30 日，根据图 4 - 27 所示"分配间接费用"表，进行账务处理（图 4 - 28）。

记账凭证

记字　号　　日期：　　附单据　张

摘要	科目名称	借方金额	贷方金额
合计			

记账　　审核　　出纳　　制单

图 4－28

【小结】

1. 人工费核算

（1）计提职工薪酬。

借：工程施工——合同成本

　　机械作业

　　工程施工——待分配间接费用

　　管理费用

　　贷：应付职工薪酬——工资

　　　　应付职工薪酬——医疗保险

　　　　应付职工薪酬——工伤保险

　　　　应付职工薪酬——生育保险

　　　　应付职工薪酬——养老保险

　　　　应付职工薪酬——失业保险

　　　　应付职工薪酬——工会经费

　　　　应付职工薪酬——住房公积金

（2）缴纳社会保险。

借：应付职工薪酬——工资

　　应付职工薪酬——医疗保险

　　应付职工薪酬——工伤保险

　　应付职工薪酬——生育保险

　　应付职工薪酬——养老保险

　　应付职工薪酬——失业保险

　　贷：银行存款

2. 材料费核算

（1）领用原材料。

借：工程施工——合同成本

　　贷：原材料

（2）领用周转材料。

借：工程施工——合同成本

　　贷：周转材料——低值易耗品

3. 机械使用费核算

（1）支付租赁费。

借：机械作业——租金
　　应交税费——应交增值税（进项税额）
　　　贷：银行存款

（2）计提机械作业人员工资。

借：机械作业——人工费
　　　贷：应付职工薪酬——工资
　　　　　应付职工薪酬——医疗保险
　　　　　应付职工薪酬——工伤保险
　　　　　应付职工薪酬——生育保险
　　　　　应付职工薪酬——养老保险
　　　　　应付职工薪酬——失业保险

（3）计提折旧。

借：机械作业——折旧费
　　　贷：累计折旧——机器设备

（4）分配机械使用费。

借：工程施工——合同成本
　　　贷：机械作业——人工费
　　　　　机械作业——租金
　　　　　机械作业——燃料动力费
　　　　　机械作业——折旧费

4. 其他直接费用核算

借：工程施工——合同成本——其他直接费用
　　应缴税费——应交增值税（进项税额）
　　　贷：银行存款

5. 间接费用核算

（1）计提施工现场管理人员奖金。

借：工程施工——待分配间接费用
　　　贷：应付职工薪酬——工资

（2）工程管理人员领用周转材料。

借：工程施工——待分配间接费用
　　　贷：周转材料——低值易耗品

（3）分配间接费用。

借：工程施工——合同成本
　　　贷：工程施工——待分配间接费用

【巩固提升】

1. 下面计入"工程施工——人工费"账户的项目是（　　　）。

A. 工程施工生产人员的工资　　　　　B. 办公工程管理人员的工资

C. 企业的施工机械驾驶人员的工资　　D. 辅助生产工人的工资

2. 用来核算建筑施工企业实际发生的工程施工合同成本、间接费用和合同毛利的账户是（　　）。

A. "生产成本"　　　　B. "工程施工"　　　　C. "机械作业"　　　　D. "工程结算"

3. 北京第五建筑工程有限公司厂房工程领用一批钢模板，成本为 100 000 元，预计可使用 10 次，预计净残值为 5%，本月使用 2 次，则本月该周转材料摊销额为（　　）元。

A. 20 000　　　　B. 19 000　　　　C. 17 000　　　　D. 10 000

4. 建筑施工企业对原材料钢材跌价计提资产减值损失体现的是（　　）原则。

A. 客观性　　　　B. 及时性　　　　C. 谨慎性　　　　D. 有效性

5. 建筑施工企业购入材料的运输费一般记入（　　）。

A. 材料的成本　　　B. 工程的成本　　　C. 管理费用　　　D. 营业外支出

6. 建筑施工企业使用自有机械设备和运输设备进行机械作业所发生的各项费用，应通过（　　）账户进行归集。

A. "工程施工"　　　B. "机械作业"　　　C. "辅助生产"　　　D. "施工间接费用"

7. 本月实际发生挖掘机的机械使用费 30 000 元，共 50 个台班，其中宿舍楼工程 30 个台班，办公楼工程 20 个台班，则宿舍楼工程应分摊的机械使用费是（　　）元。

A. 18 000　　　　B. 12 000　　　　C. 15 000　　　　D. 30 000

8. 下列属于建筑施工企业成本核算要设置的成本项目为（　　）。

A. 材料费　　　　　　　　　　　　B. 人工费

C. 在建工程　　　　　　　　　　　D. 机械使用费

9. 建筑施工企业工程成本项目包括（　　）。

A. 材料费用　　　　　　　　　　　B. 人工费用

C. 机械使用费用　　　　　　　　　D. 其他直接费用

10. 建筑施工企业在施工生产过程中，下面哪些情况需要核算到"工程施工"账户下的"合同成本"明细账户？（　　）

A. 建筑工人的工资　　　　　　　　B. 工地管理人员的工资

C. 所领用的施工材料　　　　　　　D. 自有挖掘机施工领用的燃料

11. 建筑施工企业的所有机械使用费都要通过"机械作业"账户归集和分配。（　　）

A. 对　　　　　　B. 错

12. 建筑施工企业向金融机构借款所发生的手续费应计入"财务费用"账户。（　　）

A. 对　　　　　　B. 错

13. 建筑施工企业工地管理人员的工资应当核算到"管理费用"账户。（　　）

A. 对　　　　　　B. 错

14. 建筑施工企业工地施工人员的工资应当核算到"工程成本"账户。（　　）

A. 对　　　　　　B. 错

子项目三　竣工阶段业务核算

竣工阶段
业务核算1

任务 1　工程价款结算

北京百翔电子有限公司有一栋写字楼工程被北京三金建筑工程有限公司中标建设，2019年 4 月 20 日，本月按照完工进度办理结算，请根据背景单据进行账务处理（图 4 - 29）。

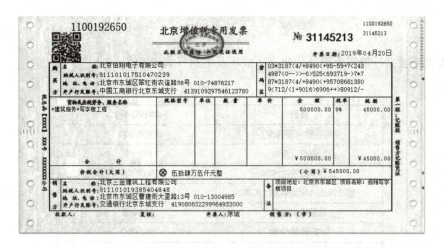

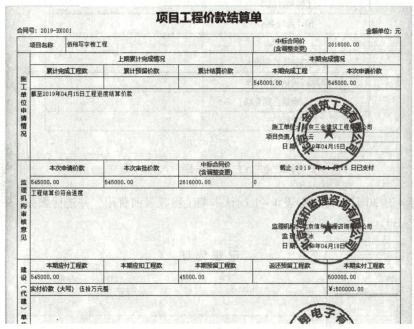

记 账 凭 证

记字 号	日期：		附单据 张

摘要	科目名称	借方金额	贷方金额
合计			

记账	审核	出纳	制单

图 4 - 29

任务2　工程收入计算

根据背景数据计算需要确认的收入、成本及毛利（表4-1）。

表4-1　背景数据（1）　　　元

项目	2019年4月
合同造价（不含税）	2 400 000
合同造价（含税）	2 616 000
累计实际发生成本	500 000
预计完成合同尚需发生成本	1 500 000
结算含税价款	545 000
实际收到价款	500 000
工程预计成本	
预计合同毛利	
完工进度	
本期应确认合同收入	
本期应确认合同成本	
本期应确认合同毛利	
预计损失	—

任务3　确认工程收入

竣工阶段
业务核算2

2019年4月30日，请根据表4-1确认本期工程收入和费用，并进行账务处理（图4-30）。

记 账 凭 证

记字　号		日期：		附单据　张
摘要	科目名称		借方金额	贷方金额
合计				
记账	审核	出纳	制单	

图4-30

任务4　收到工程结算款

2019年4月30日，北京三金建筑工程有限公司收到工程结算价款500 000万元，请根据背景单据进行账务处理（图4-31）。

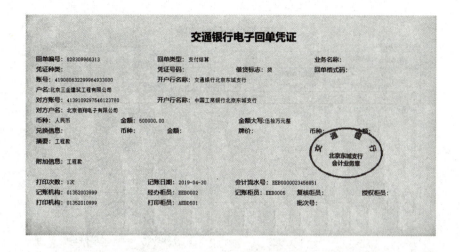

图 4 – 31

任务 5　工程价款结算

2019 年 5 月 20 日，本月按照完工进度办理结算，请根据背景单据进行账务处理（图 4 – 32）。

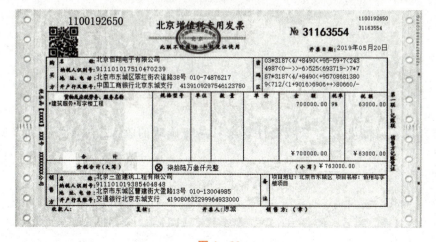

图 4 – 32

项目工程价款结算单

合同号: 2019-BX002 　　　　　　　　　　　　　　　　　　　　　　　金额单位: 元

项目名称	佰翔写字楼工程			中标合同价 (含调整变更)	2616000.00
施工单位申请情况	**上期累计完成情况**			**本期完成情况**	
	累计完成工程款	累计预留价款	累计结算价款	本期完成工程	本次申请价款
	545000.00	45000.00	500000.00	763000.00	763000.00
	截至2019年05月15日工程进度结算价款				
				施工单位: 北京三金建筑工程有限公司	
				项目负责人: 计会	
				日期: 2019年05月 日	
监理机构审核意见	本次申请价款	本次审批价款	中标合同价 (含调整变更)	截止 2019 年 05 月 15 日已支付	
	763000.00	763000.00	2616000.00	500000.00	
	工程结算价符合进度				
				监理机构: 北京信和监理咨询有限公司	
				签字: 沈冰	
				日期: 2019年05月18日	
建设(代建)单位	本期应付工程款	本期应扣工程款	本期预留工程款	返还预留工程款	本期实付工程款
	763000.00		113000.00		650000.00
	实付价款(大写) 陆拾伍万元整			¥:650000.00	

记 账 凭 证

记字		号	日期:		附单据	张
	摘要		科目名称	借方金额	贷方金额	
	合计					
记账		审核	出纳	制单		

图 4-32 (续)

任务 6 　工程收入计算

请结合表 4-1，根据背景数据计算本月需要确认的收入、成本、毛利及减值准备 (表 4-2)。

表 4－2　背景数据（2）　　元

项目	2019年5月
合同造价（不含税）	2 400 000
合同造价（含税）	2 616 000
累计实际发生成本	1 200 000
预计完成合同尚需发生成本	1 300 000
结算含税价款	763 000
实际收到价款	650 000
工程预计成本	
预计合同毛利	
完工进度	
本期应确认合同收入	
本期应确认合同成本	
本期应确认合同毛利	
预计损失	

任务 7　确认工程收入

2019 年 5 月 31 日，请根据表 4－2 确认工程收入，并进行账务处理（分录金额用反方向正数表示）（图 4－33）

记 账 凭 证

记字　　号　　　　日期：　　　　附单据　　张

摘要	科目名称	借方金额	贷方金额
合计			

记账　　审核　　出纳　　制单

图 4－33

任务 8　预计合同损失

2019 年 5 月 31 日，请根据表 4－2 对预计合同损失进行账务处理（图 4－34）。

记账凭证

记字　　号		日期：		附单据　　张
摘要	科目名称	借方金额	贷方金额	
合计				
记账	审核	出纳	制单	

图 4 – 34

任务 9　收到工程结算款

2019 年 5 月 31 日，收到工程结算价款，请根据背景单据进行账务处理（图 4 – 35）。

竣工阶段
业务核算 3

交通银行电子回单凭证

回单编号：828309981003　　回单类型：支付结算　　业务名称：
凭证种类：　　　　　　　　凭证号码：　　　　　　　回单格式码：
账号：419080632299964933000　开户行名称：交通银行北京东城支行
户名：北京三金建筑工程有限公司
对方账号：4139109297546123780　开户行名称：中国工商银行北京东城支行
对方户名：北京倍增电子有限公司
币种：人民币　　　金额：650000.00　　金额大写：陆拾伍万元整
兑换信息：　　　币种：　　金额：　　　　牌价：　　　币种：　　金额：
摘要：工程款

附加信息：工程款

打印次数：1次　　　　记账日期：2019-05-31　会计流水号：EEB0000029561232
记账机构：01352003999　经办柜员：EEB0002　　记账柜员：EEB0005　复核柜员：　授权柜员：
打印机构：01352010999　打印柜员：AEBD501　　批次号：

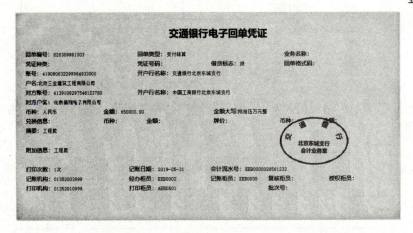

记账凭证

记字　　号		日期：		附单据　　张
摘要	科目名称	借方金额	贷方金额	
合计				
记账	审核	出纳	制单	

图 4 – 35

任务 10　工程价款结算

2019 年 6 月 20 日，本月按照完工进度办理结算，请根据背景单据进行账务处理（图 4 − 36）。

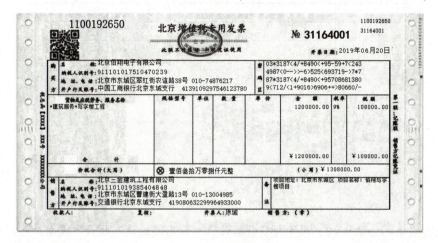

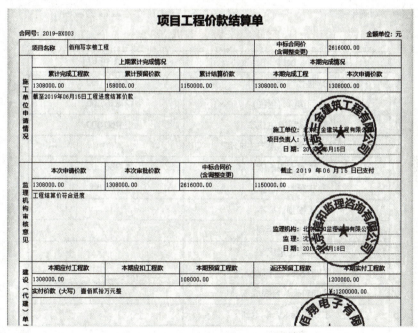

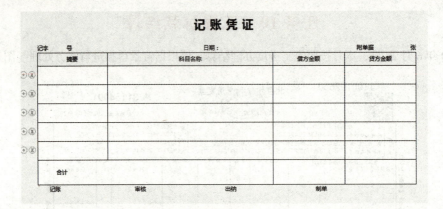

图 4-36

任务 11　工程收入计算

请结合表 4-1、表 4-2，根据背景数据计算本月需要确认的收入、成本、毛利及减值准备（表 4-3）。

表 4-3　背景数据（3）　　　　　　　元

项目	2019年6月
合同造价（不含税）	2 400 000
合同造价（含税）	2 616 000
累计实际发生成本	2 450 000
预计完成合同尚需发生成本	0
结算含税价款	1 308 000
实际收到价款	1 200 000
工程预计成本	
预计合同毛利	
完工进度	
本期应确认合同收入	
本期应确认合同成本	
本期应确认合同毛利	
预计损失	

任务 12　确认工程收入

2019 年 6 月 30 日，请根据表 4-3 确认工程收入，并进行账务处理（会计分录金额按反方向正数表示）（图 4-37）。

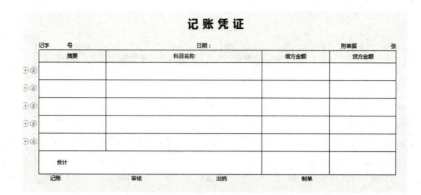

图 4 – 37

任务 13　冲减存货跌价准备

2019 年 6 月 30 日，承任务 12，工程完工已办理结算，冲减存货跌价准备，请进行账务处理（图 4 – 38）。

图 4 – 38

任务 14　工程完工结算

2019 年 6 月 30 日，根据任务 1 ~ 任务 13 的业务，工程完工，已办理竣工结算，请结合背景单据进行账务处理（图 4 – 39）。

写字楼工程合同成本明细

单位：元

成本项目	发生额
人工费	400000
材料费	800000
机械使用费	200000
其他直接费	50000
间接费用	200000
分包成本	800000
合计	2450000

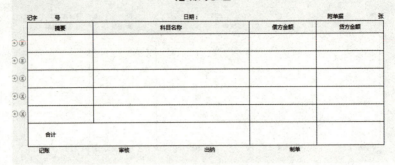

图 4 – 39

【小结】

1. 工程价款结算

借：应收账款

　　贷：工程结算

　　　　应缴税费——应交增值税（销项税额）

2. 确认工程收入

借：主营业务成本

　　工程施工——合同毛利

　　贷：主营业务收入

3. 收到工程结算款

借：银行存款

　　贷：应收账款

4. 工程完工结算

借：工程结算

　　工程施工——合同毛利

　　贷：工程施工——合同成本——人工费

　　　　工程施工——合同成本——材料费

　　　　工程施工——合同成本——机械使用费

　　　　工程施工——合同成本——其他直接费用

　　　　工程施工——合同成本——间接费用

【巩固提升】

1. 北京第五建筑工程有限公司于 2019 年 6 月接受了一项劳务合同，工期为 7 个月，合同总收入为 21 万元，当年预收款项为 12 万元，余额在合同完成时收回，当年实际发生成本为 8 万元，预计还将发生成本 4 万元，则年末该企业对该合同应确认的收入应为（　　）万元。

A. 12　　　　　　　　B. 14　　　　　　　　C. 16　　　　　　　　D. 21

2. 北京第五建筑工程有限公司签订了一项 5 000 万元的建造合同，工期为 3 年，第一年实际发生合同成本 1 600 万元，第二年实际发生合同成本 1 920 万，第二年年末预计完成合同尚需发生成本 480 万元，则该项目到第二年年末的累计合同完工进度为（　　）。

A. 0.48　　　　　　　B. 0.704　　　　　　C. 0.88　　　　　　　D. 0.9

3. 办理工程结算时，应按照结算的金额确认收入。（　　）

A. 对　　　　　　　　　B. 错

4. 确认完工进度的方法有（　　）。

A. 投入衡量法　　　　　　　　B. 产出衡量法

C. 定额比例法　　　　　　　　D. 技术测量法

5. 建筑施工企业所承包的合同完成后，应从"工程施工"贷方转入"工程结算"借方。（　　）

A. 对　　　　　　　　　B. 错

项目五

房地产企业会计核算

房地产介绍

【知识目标】

- 认识房地产经营活动；
- 认识房地产开发经营活动会计处理的方法与特点。

【能力目标】

- 具备针对房地产开发经营进行会计核算的能力；
- 具备区别房地产会计核算与建筑施工企业会计核算异同的能力。

【素质目标】

- 树立严谨的职业道德观，讲诚信，守道德，遵守职业规范，具有较强的责任感和全局意识；
- 有理想，懂政策，遵纪守法，勤奋向上，有良好的公共道德素养；
- 具备较强的社会适应能力和人际沟通能力。

【思政目标】

- 培养诚信服务、经世济民、德法兼修等专业素养；
- 培养求真务实的优良作风。

【行业认知】

房地产行业是国民经济的重要组成部分，在一个国家和地区国民经济中，房地产行业具有重要的地位和作用。近年来我国房地产市场迅猛发展，建筑存量大幅增加，有效解决了部分市场需求，提升了城镇居民住房水平，推动了经济发展，为地方财政收入提供了巨大支撑，促进了城镇化进程与城市发展。到2030年，我国城镇化率要达到70%，未来近20年还有约3亿人由农村转移到城市。国内如此庞大的内需市场，将给房地产的多元化发展带来新的机遇。

【知识储备】

一、房地产企业的定义

房地产又称为不动产，是房屋和土地财产的总称。房地产企业是以土地开发和房屋建筑为对象，从事开发和经营业务的企业。

房地产行业
认知 1

二、房地产企业的特点

（1）开发经营的计划性。房地产企业征用的土地、建设的房屋、基础设施以及其他设施都应严格控制在国家计划范围之内，按照规划、征地、设计、施工、配套、管理"六统一"原则和企业的建设计划、销售计划进行开发经营。

（2）开发产品的商品性。房地产企业的产品全部作为商品进入市场，按照供需双方合同协议规定的价格或市场价格作价转让或销售。

（3）开发经营业务的复杂性。①经营业务内容复杂。开发经营业务囊括了从征地、拆迁、勘察、设计、施工、销售到售后服务全过程。②涉及面广，经济往来对象多。开发经营业务涉及设备、材料物资供应单位、设计单位、施工单位、委托单位和承租单位等。

（4）开发建设周期长，投资数额大。开发产品要从规划设计开始，经过可行性研究、征地拆迁、安置补偿、建筑安装、配套工程、绿化环卫工程等几个开发阶段，每一个开发阶段都需要投入大量资金，加上开发产品本身的造价很高，需要不断地投入大量资金。

（5）经营风险大，开发产品单位价值高，建设周期长，负债经营程度高，不确定因素多，一旦决策失误，销路不畅，将造成大量开发产品积压，使房地产企业资金周转不灵，导致房地产企业陷入困境。

三、房地产开发项目费用估算

房地产企业投入资金多，风险大，因此在项目的规划阶段，必须对项目的投资与成本费用进行准确的估算，以便进行经济效益评价、投资决策。房地产建设项目各项费用的构成复杂，变化因素多，不确定性大，建设项目依类型的

房地产行业
认知2

不同而有其自身的特点，因此不同类型的建设项目，其投资和费用构成有一定的差异。对于一般房地产企业而言，投资及成本费用由开发成本和开发费用两大部分组成。

其中开发成本项目主要包括六项：土地征用及拆迁安置补偿费、前期工程费、建筑安装工程费、基础设施建设费、开发间接费用、公共配套设施费等。

（一）土地征用及拆迁安置补偿费

土地征用及拆迁补偿安置费是指房地产开发时为征用土地所发生的各项费用，包括土地出让金、劳动力安置费、青苗补偿费、土地补偿费、拆迁补偿费及其他因征用土地而发生的费用。

（二）前期工程费

前期工程费是指在前期准备阶段发生的各项费用，包括总体规划设计费、可行性研究费、政府代收代缴的各项费用、勘察设计费、各项临时工程费用、七通一平或三通一平费用等。

（三）建筑安装工程费

建筑安装工程费指房地产企业以出包方式支付承建单位的建筑安装工程费和企业自营工程发生的建筑安装费。

（四）基础设施建设费

基础设施建设费指建造各项基础设施发生的费用。基础设施主要是指与开发产品相关的道路、供热设施、供水设施、供气设施、通信设施、照明设施及绿化等，这些设施发生的设备及安装费都在基础设施建设费项目内归集。

（五）开发间接费用

开发间接费用指房地产企业所属的开发部门或工程指挥部门为组织和管理开发项目而发生的各项费用支出，包括工资、社会保险、办公费、差旅费等。房地产企业的各行政部门为管理

企业而发生的各项费用不在此列，应在"管理费用"账户中核算。

（六）公共配套设施费

公共配套设施费指为开发项目服务的、不能有偿转让的各项公共配套设施发生的费用，如锅炉房、水塔公共厕所、自行车棚等产生的费用。凡能有偿转让的公共配套设施如商店、邮局、学校、医院、理发店等都不能计入该成本项目。

开发费用是指与房地产开发项目有关的管理费用、销售费用和财务费用。

四、房地产企业营业收入的分类与确认

（一）房地产企业的营业收入

房地产开发收入是房地产企业的主营业务收入，指房地产企业对外转让、销售、结算和出租开发产品等所取得的收入，包括土地转让收入、商品房销售收入、配套设施销售收入、代建工程结算收入和出租开发产品租金收入等。

（二）房地产企业营业收入的确认

房地产企业营业收入同时满足以下条件时，才予以确认：①以合同为基础；②以房地产商品控制权转移为收入确认时点；③按预计因交付该商品而有权获得的金额确认收入金额。因此，房地产企业的经营收入一般应作如下确认。

第一，移交手续办妥后，购买方可以持相关单证到有关部门办理房地产产权证书，与所售房地产相关的主要风险和报酬法定地转移给购买方。

第二，房地产企业是以出售为主要目的而开发房地产的，出售房地产后不拥有继续管理权和控制权。

第三，房地产销售款的支付方式虽然多种多样，有一次性付款、分次付款和银行按揭等，但因为有担保和保险措施，所以房地产价款的流入不成问题。

第四，房地产价款在签订合同时已经协商确定，而开发产品的成本核算资料和工程预决算资料也可以提供可靠的成本数据。

五、房地产企业税费核算

房地产企业在生产经营过程中需要缴纳的税种有很多，主要包括增值税、房产税、城镇土地使用税、印花税、土地增值税、契税、耕地占用税等。

（一）增值税

《中华人民共和国增值税暂行条例》（国务院令第691号）第一条规定：在中华人民共和国境内销售货物或者加工、修理修配劳务，销售服务、无形资产、不动产以及进口货物的单位和个人，为增值税的纳税人，应当依照本条例缴纳增值税。

房地产企业预售开发产品，属于销售不动产的行为，当为增值税纳税义务人，税率为9%，其纳税额为房地产企业销售不动产收取的全部价款和价外费用。如房地产企业销售商品房是采取预收款方式，则其纳税义务发生时间为收到预收款的当天。

（二）土地增值税

《中华人民共和国土地增值税暂行条例实施细则》第十六条明确规定："纳税人在项目全部竣工结算前转让房地产取得的收入，由于涉及成本确定或其他原因，而无法据以计算土地增值税的，可以预征土地增值税，待该项目全部竣工、办理结算后再进行清算，多退少补。具体

办法由各省、自治区、直辖市地方税务局根据当地情况制定。"因此,土地增值税一般先自行申报,由税务机关进行清算,多退少补。

各地对土地增值税的预缴税率存在差异,一般来说,普通标准住宅为预售收入的 1.5%,普通标准住宅以外的其他住宅为 3.5%,其他房地产项目为 4.5%。

(三) 契税

契税,顾名思义,就是指对契约征收的税,是以所有权发生转移变动的不动产为征税对象,向产权承受人征收的一种财产税。买房时按评估额的 1% ~ 3% 缴纳契税。根据我国最新税法规定:面积在 90 平方米内且首次购房的按 1%,面积为 90 ~ 144 平方米且首次购房的按 1.5%,非首次购房或面积在 144 平方米以上的按 3% 由购买方缴纳。

(四) 房产税

房产税是以房屋为征税对象,按房屋的计税余值或租金收入为计税依据,向产权所有人征收的一种财产税。房产税属于财产税中的个别财产税,其征税对象只是房屋。其征收范围限于城镇的经营性房屋。为了区别房屋的经营使用方式,规定征税办法如下:对于自用的房屋,按房产计税余值征税;对于出租房屋,按租金收入征税。

子项目一　房地产企业建设业务核算

【做中学,学中做】

任务 1　土地征用及拆迁补偿核算

房地产企业
建设业务
核算 (1)

1. 应付拆迁安置补偿费

2019 年 6 月 6 日,北京国泰房地产开发有限公司委托北京保利土地开发有限公司进行新取得地块临时设施的拆迁作业。发票已收,款项尚未支付,请根据背景单据编制记账凭证 (图 5 - 1)。

拆迁协议

甲方:北京国泰房地产开发有限公司
乙方:北京保利土地开发有限公司
依照《中华人民共和国合同法》、《中华人民共和国建筑法》的有关规定,甲、乙双方经友好协商,就拆除北京朝阳区隆福寺前街09045#地块临时设施事宜达成一致,为明确双方职责,保证清拆工作顺利进行,特签订合同如下:
一、工程项目
　清理拆除北京朝阳区隆福寺前街09045#地块所有的临时设施。
二、合同价格
　合同总价为¥3000000.00元(大写人民币叁佰万元整)。
三、付款方式
　合同签订后7日内一次性支付。
四、合同工期
　工期自2019年06月06日开始,14天内完成。施工期间如遇不可抗力的因素,双方可另行协商延长工期。
五、双方约定
　1. 乙方承揽的拆除临时设施,必须按照甲方指定的范围实施拆除作业,包括所有临时设施,并将建筑垃圾清运完毕。拆除后的建筑材料归甲方所有,乙方不得擅自处理。
　2. 拆除开工前,乙方应编制拆除工程施工方案及安全技术措施计划,应落实项目负责人、安全管理人员并在拆除现场设置临时办公室,明确安全生产文明施工管理目标和安全职责。
　3. 乙方在拆除时要始终贯彻安全第一的方针,施工项目负责人、技术负责人要现场指挥拆除作业,如有事离开,必须要有施工管理人员留在拆

图 5 - 1

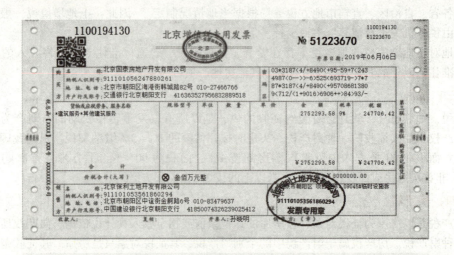

记账凭证

记字 号		日期：	附单据 张	
摘要	科目名称		借方金额	贷方金额
合计				

记账　　　　审核　　　　出纳　　　　制单

图 5 - 1（续）

2. 计提契税

2019 年 3 月 2 日，北京国泰房地产开发有限公司计提土地价款契税。请根据背景单据编制记账凭证（图 5 - 2）。

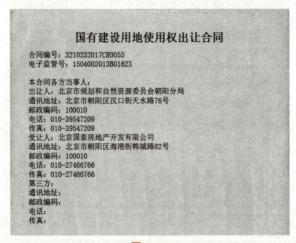

图 5 - 2

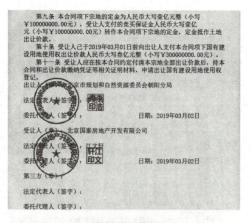

第九条　本合同项下宗地的定金为人民币大写壹亿元整（小写¥100000000.00元），受让人支付的竞买保证金人民币大写壹亿元（小写¥100000000.00元）转作本合同项下宗地的定金，定金抵作土地出让价款。

第十条　受让人已于2019年03月01日前向出让人支付本合同项下国有建设用地使用权出让价款人民币大写叁亿元整（小写¥300000000.00元）。

第十一条　受让人应在按本合同约定付清本宗地全部出让价款后，持本合同和出让价款缴纳凭证等相关证明材料，申请出让国有建设用地使用权登记。

出让人（章）：北京市规划和自然资源委员会朝阳分局

法定代表人（签字）：

委托代理人（签字）：　　　　　　日期：2019年03月02日

受让人（章）：北京国泰房地产开发有限公司

法定代表人（签字）：江文轩

委托代理人（签字）：　　　　　　日期：2019年03月02日

第三方（章）：

法定代表人（签字）：

委托代理人（签字）：

地价契税计算表

2019年03月02日

单位：元

计税依据（土地出让金）	税率	应交税额
300000000	3%	9000000

制表：黄丽　　　　　　审核：谢薇

记账凭证

记字　　号		日期	附单据　　张	
摘要	科目名称		借方金额	贷方金额
合计				
记账　　　审核　　　出纳　　　制单				

图5-2（续）

任务2　前期工程费用核算

房地产企业建设业务核算（2）

前期工程勘察

2019年4月1日，北京欧豪勘察有限公司对北京国泰房地产开发有限公司进行前期工程勘察，款项尚未支付，请根据背景单据编制记账凭证（图5-3）。

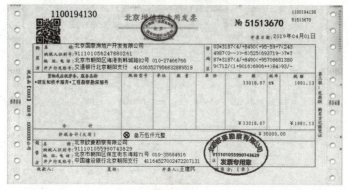

图5-3

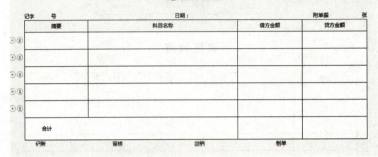

图 5-3（续）

任务 3　建筑安装工程费

1. 预付项目工程款

2019 年 4 月 15 日，北京浩然建筑工程有限公司承包北京国泰房地产开发有限公司水岸花园项目地基工程和地下室施工，合同签订后付 10% 预付款，并收取 10% 预付款保函。请根据背景单据编制记账凭证（图 5-4）。

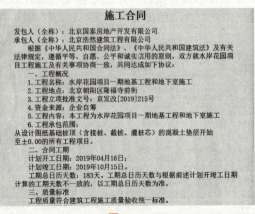

图 5-4

四、工程计价与结算

工程总价￥35000000.00元（人民币叁仟伍佰万元整），合同签订后预付10%工程款，同时施工方开具10%的预付款保函，进度款按月支付，进度款支付至90%，竣工验收结算后付至95%，并在最后一次进度款时开具保证金发票，质保期后付余款。

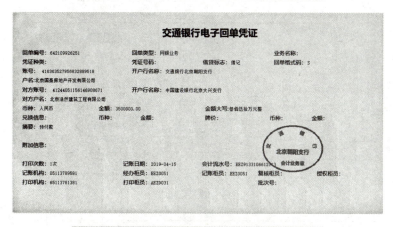

交通银行电子回单凭证

回单编号：642109926251	回单类型：网银业务		业务名称：
凭证种类：	凭证号码：	借贷标志：借记	回单格式码：S
账号：41636352795603288951B	开户行名称：交通银行北京朝阳		
户名：北京国泰房地产开发有限公司			
对方账号：41244061156146908671	开户行名称：中国建设银行北京大兴支行		
对方户名：北京浩然建筑工程有限公司			
币种：人民币	金额：3500000.00		金额大写：叁佰伍拾万元整
兑换信息：	币种：	金额：	牌价： 币种： 金额：
摘要：拨付款			
附加信息：			
打印次数：1次	记账日期：2019-04-15	会计流水号：EEZ9133106612143	
记账机构：05113789581	经办柜员：EEZ0051	记账柜员：EEZ0051	复核柜员：EEZ0051 授权柜员：
打印机构：65113781381	打印柜员：AEZD031		批次号：

预付款保函

北京国泰房地产开发有限公司（发包人名称）：

根据北京浩然建筑工程有限公司（承包人名称）（以下称"承包人"）与北京国泰房地产开发有限公司（发包人名称）（以下简称"发包人"）于2019年04月15日签订的水岸花园项目（工程名称）《建设工程施工合同》，承包人按约定的金额向你方提交一份预付款保函，即有权得到你方支付相等金额的预付款。我方愿意就你方提供给承包人的预付款为承包人提供连带责任担保。

1. 担保金额人民币（大写）叁佰伍拾万元整（￥3500000.00）。
2. 担保有效期自预付款支付给承包人起生效，至你方签发的进度款支付证书说明已完全扣清止。
3. 在本保函有效期内，因承包人违反合同约定的义务而要求收回预付款时，我方在收到你方的书面通知后，在7天内无条件支付。但本保函的担保金额，在任何时候只应超过预付款金额减去你方按合同约定在向承包人签发的进度款支付证书中扣除的金额。
4. 你方和承包人按合同约定变更合同时，我方承担本保函规定的义务不变。
5. 因本保函发生的纠纷，可由双方协商解决，协商不成的，任何一方均可提请北京仲裁委员会仲裁。
6. 本保函自我方法定代表人（或其授权代理人）签字并加盖公章之日起生效。

担保人：中国建设银行北京大兴支行（签章）
法定代表人或其委托代理人（签字）
地　　址：北京市大兴区安业街甘泉路22号
邮政编码：101400

记账凭证

记字　号		日期：		附单据　张
	摘要	科目名称	借方金额	贷方金额
	合计			

记账　　　　审核　　　　出纳　　　　制单

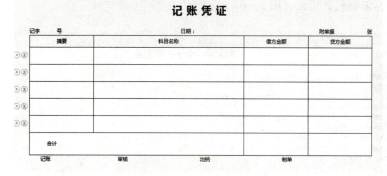

图5-4（续）

2. 收到工程进度款发票

2019年9月15日，承接以上内容，北京国泰房地产开发有限公司收到应支付的第5个月工程款1 500 000元发票及10%预付款发票。请根据背景单据编制记账凭证（图5-5）。

记账凭证

记字 号		日期：			附单据 张
摘要		科目名称	借方金额	贷方金额	
合计					

记账　　　　审核　　　　出纳　　　　制单

图 5 – 5

3. 支付项目工程款

2019 年 9 月 16 日，承接以上内容，北京国泰房地产开发有限公司支付第 5 个月工程款。请根据背景单据编制记账凭证（图 5 – 6）。

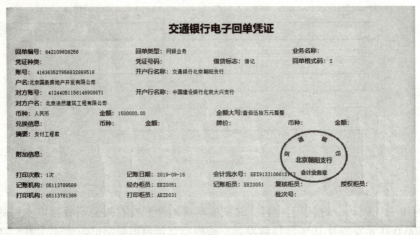

图 5 – 6

记 账 凭 证

记字 号		日期：		附单据 张
摘要	科目名称		借方金额	贷方金额
合计				
记账	审核	出纳	制单	

图 5-6（续）

4. 收到工程进度款发票

2019 年 10 月 15 日，北京国泰房地产开发有限公司工程竣工验收并结算，结算价为 3 800 万元，本次应付款为 460 万元，开票金额为 650 万元（含 5% 尾款发票），款项尚未支付。请根据背景单据编制记账凭证（图 5-7）。

交通银行电子回单凭证

回单编号：642109926256	回单类型：网银业务		业务名称：
凭证种类：	凭证号码：	借贷标志：借记	回单格式码：S
账号：41636352795683288959518	开户行名称：交通银行北京朝阳支行		
户名：北京国泰房地产开发有限公司	开户行名称：中国建设银行北京大兴支行		
对方账号：41244051156146908671			
对方户名：北京浩然建筑工程有限公司			
币种：人民币 金额：1500000.00		金额大写：壹佰伍拾万元整	
兑换信息： 币种： 金额：		牌价： 币种： 金额：	
摘要：支付工程款			
附加信息：			

打印次数：1次　　记账日期：2019-09-16　　会计流水号：EEZ913310661213
记账机构：05113789589　　经办柜员：EEZ0051　　记账柜员：EEZ0051　　复核柜员：
打印机构：65113781389　　打印柜员：AEZD031　　批次号：　　授权柜员：

（章：北京朝阳支行 会计业务章）

记 账 凭 证

记字 号		日期：		附单据 张
摘要	科目名称		借方金额	贷方金额
合计				
记账	审核	出纳	制单	

图 5-7

5. 支付项目工程款

2019 年 10 月 16 日，承接以上内容，北京国泰房地产开发有限公司支付工程进度款。请根据背景单据编制记账凭证（图 5-8）。

单位（子单位）工程质量竣工验收记录

项目名称	水岸花园项目一期地基工程和地下室施工		工程地点		北京朝阳区隆福寺前街	
施工单位	北京浩然建筑工程有限公司	技术负责人	叶绍翁	开工日期		2019.04.16
项目负责人	欧阳询	项目技术负责人	李煜	竣工日期		2019.10.15
序号	项目	验收记录（施工单位填写）			验收结论（监理或建设单位填写）	
1	分部工程	共9分部，经查9分部，符合标准和要求9分部			同意验收	
2	质量控制资料核查	共27项，经核定符合标准27项，经核定不符合标准0项			齐全、有效	
3	安全核查及抽查结果	共核查20项，符合要求20项，共抽查20项，符合要求20项			符合要求	
4	观感质量验收	共抽查16项，符合要求16项，不符合要求0项			好	
5	综合验收结论（建设单位填写）	同意验收				
		建设单位	监理单位	施工单位	设计单位	勘察单位

工程结算审核单

金额单位：元

建设单位	北京国泰房地产开发有限公司		咨询类型		结算审核
施工单位	北京浩然建筑工程有限公司		专业		工程施工
工程名称	北京国泰房地产开发有限公司水岸花园项目一期地基工程和地下室施工				
序号	单项名称	合同造价	送审造价	审定造价	核增/减	结算类型
1	水岸花园项目一期地基工程和地下室施工	35000000	38000000	38000000	+3000000	固定单价
2	说明：本工程已于2019年10月15日审计结束，现双方按合约付款。					
3						
4						
审定金额（大写）	38000000		叁仟捌佰万元整			
经核增款	3000000					

交通银行电子回单凭证

回单编号：642109926259		回单类型：网银业务		业务名称：	
凭证种类：		凭证号码：	借贷标志：借记	回单格式码：S	
账号：416363527956632889518		开户行名称：交通银行北京朝阳支行			
户名:北京国泰房地产开发有限公司					
对方账号：41244051156146908671		开户行名称：中国建设银行北京大兴支行			
对方户名：北京浩然建筑工程有限公司					
币种：人民币	金额：4600000.00		金额大写：肆佰陆拾万元整		
兑换信息：	币种：	金额：	牌价：	币种：	金额：
摘要：支付工程款					
附加信息：					
打印次数：1次	记账日期：2019-10-16		会计流水号：HEI9133106612113		
记账机构：05113789533	经办柜员：EEI0051		记账柜员：EEI0051	复核柜员：EEI0051	授权柜员：
打印机构：65113781333	打印柜员：AEID031		批次号：		

记账凭证

记字　　号　　　　　　　日期：　　　　　　　　　　附单据　　　张

摘要	科目名称	借方金额	贷方金额
合计			

记账　　　　审核　　　　出纳　　　　制单

图 5 - 8

6. 支付项目工程尾款

2019 年 12 月 15 日，承接以上内容，北京国泰房地产开发有限公司质保期过后付 5% 余款。请根据背景单据编制记账凭证（图 5 - 9）。

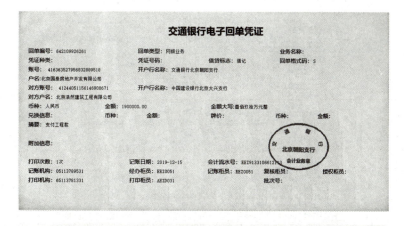

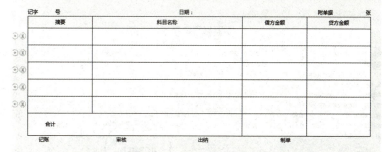

图 5-9

任务4 基础设施建设费

房地产零售业
购进1

1. 预付工程款

2019年4月8日，北京蓝宇实业有限公司与北京电力股份有限公司签订项目用电施工合同并支付50%合同款。请根据背景单据编制记账凭证（图5-10）。

电力施工合同

甲方：北京蓝宇实业有限公司
乙方：北京电力股份有限公司
    工程经招标由乙方中标承建，现为明确甲乙双方责任，促使本工程按期保质保量顺利竣工，经商定，特订立本合同，具体条款如下：
第一条：工程概况
1. 工程名称：京城花园项目电力系统施工
2. 工程地点：北京市西城区
3. 工程内容及范围：以设计图纸和审计后的工程量清单为依据。
4. 工程金额：本工程发包中标价人民币11000000元。现场工程量增减、设计变更按实签证。工程最终造价以审计部门审定的造价为准。
第二条：双方职责
1. 甲方委托乙方对工程进行施工，乙方应按国家电力部门颁发的规程规定进行施工。
2. 工程杆洞、拉线洞及线路走廊征地、赔青费用由甲方负责，施工过程中若需要甲方配合的工作甲方应积极给予配合。
3. 乙方指派郑明帮同志为项目经理（联系电话：15280155698），负责组织本工程项目的实施。
4. 施工期间，乙方应严格执行《电力建设安全工作规程》及《电力建设安全施工管理规定》做好安全管理工作，严防事故发生。若乙方原因造成安全问题，责任由乙方自负。
5. 本工程施工过程中，若遇自然灾害等不可抗力因素影响，造成的经济损失及工期拖延，由甲乙双方另行协商解决。
第三条：工程质量及验收办法

图 5-10

工程竣工且具备验收条件后即由北京蓝宇实业有限公司组织以施工图及
国家颁发的施工验收规范为依据进行验收。若验收不合格，乙方必须按规
范要求限期整改。属乙方责任造成的问题，整改费用由乙方负责；若属甲
方责任造成的问题，则返工费用由甲方负责。
第四条：工程工期
1. 本工程工期定50天，为有效施工工期（合同签订之日算起）。
2. 除甲方原因、雨天、停电原因和不可抗拒的因素外乙方不得延误工期。
3. 因甲方自身问题造成乙方误工，工期应顺延，并承担相应损失。
第五条：付款方式
合同总金额1100万元，工程施工合同签订后30日内付50%，设备进场验收合
格后付30%，工程验收合格电业局接管后30日内付20%。
第六条：工程保修期为验收后壹年，在保修期内如发生施工质量问题乙方
应负责无偿修复。
第七条：解决争议的方式
甲乙双方在协议履行中发生纠纷，应协商解决；协商不成的可以向合同签
订所在地人民法院提请诉讼。
第八条：其他
1. 本协议未尽事宜，双方另行协商，并可签订补充协议，补充协议与本协
议具有同等法律效力。
2. 本协议自双方签章之日起生效，至保修期满后失效。
3. 本协议一式肆份，甲方贰份，乙方贰份。

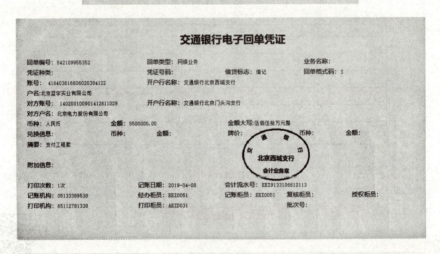

图 5 - 10（续）

2. 支付工程款

2019 年 4 月 15 日，承接以上内容，设备进场验收合格，北京蓝宇实业有限公司支付 30%
工程款。请根据背景单据编制记账凭证（图 5 - 11）。

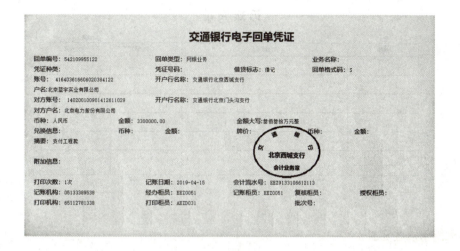

图 5 - 11

3. 收到发票

2019 年 4 月 25 日，承接以上内容，北京蓝宇实业有限公司收到预付款发票。请根据背景单据编制记账凭证（图 5 - 12）。

房地产零售业
购进 2

图 5 - 12

记账凭证

摘要	科目名称	借方金额	贷方金额
合计			

记账　　　　审核　　　　出纳　　　　制单

图 5 – 12（续）

4. 收到工程进度款发票

2019 年 5 月 28 日，承接以上内容，工程验收合格，收到施工方寄来的发票，款项尚未支付。请根据背景单据编制记账凭证（图 5 – 13）。

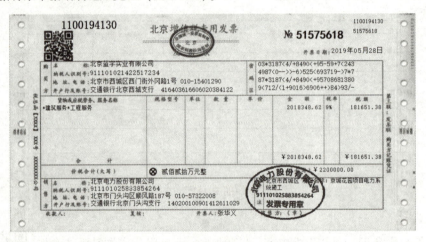

记账凭证

摘要	科目名称	借方金额	贷方金额
合计			

记账　　　　审核　　　　出纳　　　　制单

图 5 – 13

5. 支付工程款

2019 年 5 月 28 日，承接以上内容，北京蓝宇实业有限公司支付工程款。请根据背景单据编制记账凭证（图 5 – 14）。

工程验收单

项目名称	京城花园项目电力系统施工		工程地点		北京市西城区	
施工单位	北京电力股份有限公司	技术负责人	陈鑫	开工日期		2019.04
项目负责人	张以闯	项目技术负责人	吴昊	竣工日期		2019.05
序号	项目	验收记录（施工单位填写）		验收结论（监理或建设单位填写）		
1	分部工程	共7分部，经查7分部，符合标准和要求7分部		同意验收		
2	质量控制资料核查	共10项，经核定符合标准10项，经核定不符合标准0项		同意验收		
3	安全核查及抽查结果	共核查9项，符合要求9项，共抽查9项，符合要求9项		符合要求		
4	观感质量验收	共抽查10项，符合要求10项，不符合要求0项		好		
5	综合验收结论（建设单位填写）	同意验收				
	建设单位	监理单位	施工单位	设计单位		勘察单位

工程结算审核单

金额单位：元

建设单位	北京蓝宇实业有限公司		咨询类型		结算审核
施工单位	北京电力股份有限公司		专业		工程施工
工程名称	京城花园项目电力系统施工				
序号	单项名称	合同造价	送审造价	审定造价	核增/减	结算类型
1	京城花园电力系统	1100000	1100000	1100000	0	固定单价
2	说明：本工程已于2019年05月28日审计结束，现双方按合约付款。					
3						
4						
审定金额（大写）	1100000		壹佰壹拾万元整			
经核减数（大写）	0					

交通银行电子回单凭证

回单编号：542109955178	回单类型：网银业务	业务名称：
凭证种类：	凭证标志：借记	回单格式码：S
账号：41640361660602038⁴122	开户行名称：交通银行北京西城支行	
户名：北京蓝宇实业有限公司		
对方账号：14020010090141261⁴029	开户行名称：交通银行北京门头沟支行	
对方户名：北京电力股份有限公司		
币种：人民币	金额：2200000.00	金额大写：贰佰贰拾万元整
兑换信息：	币种： 金额：	牌价： 金额：
摘要：支付工程款		
附加信息：		

交 通 银 行
北京西城支行
会计业务章

打印次数：1次	记账日期：2019-05-28	会计流水号：EEZ913310661⁴113	
记账机构：05133389538	经办柜员：EEZ0051	记账柜员：EEZ0051	复核柜员： 授权柜员：
打印机构：65112781338	打印柜员：AEZD031	批次号：	

记 账 凭 证

记字 号		日期：		附单据 张	
	摘要	科目名称	借方金额	贷方金额	
	合计				

记账 审核 出纳 制单

图 5 – 14

任务5　间接费用

2019年3月15日，北京国泰房地产开发有限公司支付与所开发项目有关的融资利息。请根据背景单据编制记账凭证（图5-15）。

贷款合同

合同编号：L201903180

订立合同单位：
北京国泰房地产开发有限公司，以下简称借款方；
交通银行北京朝阳支行，以下简称贷款方。

根据国家规定，借款方为进行房地产开发所需贷款，经贷款方审查发放。为明确双方责任，恪守信用，特签订本合同，共同遵守。

第一条　借款方向贷款方借款人民币(大写)贰亿肆仟陆佰万元整，用于棕榈新城房地产项目开发。贷款方一次性放款。

第二条　在合同规定的借款期内，年息为5%，按月计息。

第三条　借款方销售达到75%时偿还全部贷款。

第四条　因国家调整计划、产品价格、税率、以及修正概算等原因，需变更合同条款，由双方签订变更合同的文件，作为本合同的组成部分。

第五条　贷款方保证按照本合同的规定供应资金。因贷款方责任未按期提供贷款，应承担由此造成的经济损失。

第六条　贷款方有权检查、监督贷款的使用情况，了解借款方的经营管理，计划执行，财务活动，物资库存等情况。借款方应提供有关的统计、会计报表及资料。

借款方如果不按合同规定使用贷款，贷款方有权收回部分贷款，并对违约使用部分按原定利率罚息50%。

第七条　本合同条款以外的其他事项，双方遵照《中华人民共和国合同法》的有关规定办理。

第八条　本合同经过签章后生效，贷款本息全部清偿后失效。本合同

交通银行股份有限公司贷款还息凭证

打印日期 2019 年 03 月 15 日

客户号：05274502　　　　　　　　　　机构代码：105

借款单位：北京国泰房地产开发有限公司

产生利息账号	还息金额	Osp现有余额	备　注
416363527956832889518	1025000.00		L201903180

交通银行
北京朝阳支行
2019.03.15
转讫
(01)

金额合计　（大写）人民币 壹佰零贰万伍仟元整
　　　　　（小写）CNY****1025000.00

付款账号：416363527956832831510

合同编号：L201903180

交易业务号：105LAA110089021

开票　　　　　记账　　　　　复核　　　　　（盖章）

记账凭证

记字　　　号　　　　　　　日期：　　　　　　　　　　附单据　　　张

摘要	科目名称	借方金额	贷方金额
合计			

记账　　　　　审核　　　　　出纳　　　　　制单

图 5-15

任务6　公共配套设施费

2019年6月1日，小区球场竣工，北京国泰房地产开发有限公司收到北京庆光建设有限公司开具的全额工程款发票。请根据背景单据编制记账凭证（图5-16）。

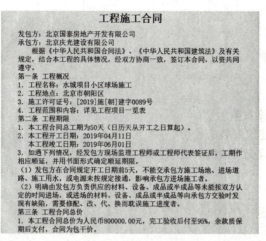

图 5-16

【小结】

1. 拆迁补偿安置费及契税计提

借：开发成本——土地征用及拆迁补偿安置费

　　应交税费——应交增值税（进项税额）

贷：应付账款

2. 前期工程费核算

借：开发成本——前期工程费
　　应交税费——应交增值税（进项税额）
　　　贷：应付账款

3. 工程款项核算

（1）预付项目工程款。

借：预付账款
　　　贷：银行存款

（2）收到工程款进度发票。

借：开发成本——建筑安装工程费
　　应交税费——应交增值税（进项税额）
　　　贷：预付账款
　　　　　应付账款

（3）支付项目工程款。

借：应付账款
　　　贷：银行存款

4. 基础设施建设费核算

（1）预付或支付工程款。

借：预付账款
　　　贷：银行存款

（2）收到发票。

借：开发成本——基础设施建设费
　　应交税费——应交增值税（进项税额）
　　　贷：预付账款

（3）收到工程进度款发票。

借：开发成本——基础设施建设费
　　应交税费——应交增值税（进项税额）
　　　贷：应付账款

（4）支付工程款。

借：应付账款
　　　贷：银行存款

5. 公共配套设施费核算

借：开发成本——公共配套设施费
　　应交税费——应交增值税（进项税额）
　　　贷：应付账款

6. 开发间接费用核算

借：开发成本——开发成本间接费用
　　　贷：银行存款

【巩固提升】

1. 下列关于土地使用权出让、转让的说法中，错误的是（　　）。

A. 土地使用权出让是一种国家垄断行为

B. 土地使用权出让、转让制度基于所有权与使用权相分离的原则

C. 城市规划区内的所有土地都可以直接出让

D. 土地使用权出让年限届满前一年，土地使用者可以申请续期

2. 下列选项中不属于房地产企业期间费用的是（　　）。

A. 管理费用　　　　　B. 销售费用　　　　　C. 财务费用　　　　　D. 开发间接费用

3. 下列选项中不属于开发间接费用的是（　　）。

A. 折旧费　　　　　B. 职工福利费　　　　　C. 水电费　　　　　D. 土地使用税

4. 开发成本包括（　　）。

A. 土地费及拆迁补偿安置费、前期工程费、基础设施建设费、建筑安装工程费、公共配套设施费、开发间接费用等

B. 土地费及拆迁补偿安置费、前期工程费、基础设施建设费、建筑安装工程费、公共配套设施费、开发间接费用、管理费用等

C. 土地费及拆迁补偿安置费、前期工程费、基础设施建设费、建筑安装工程费、公共配套设施费、开发间接费用、管理费用、营销费用等

D. 土地费及拆迁补偿安置费、前期工程费、基础设施建设费、建筑安装工程费、公共配套设施费、开发间接费用、管理费用、营销费用、税费等

5. 开发成本中的前期工程费不包括（　　）。

A. 土地征用费　　　　　　　　　B. 勘察测绘费

C. 规划设计费　　　　　　　　　D. 项目可行性研究费

6. 房地产企业因为要将一处商品房出租而对其进行了装修，发生的装修费用应在（　　）账户中核算。

A. "主营业务成本"　　　　　　　B. "开发成本"

C. "出租开发产品"　　　　　　　D. "开发间接费用"

7. 以下不属于建筑安装工程费的是（　　）。

A. 供电系统费　　　　　　　　　B. 主体工程费

C. 电梯及其安装费　　　　　　　D. 装修工程费

8. 土地价款登记台账主要的登记内容包括（　　）。

A. 土地价款　　　　B. 已经扣除金额　　　　C. 待扣除金额情况　　　D. 土地契税金额

9. 开发成本中的土地征用费及拆迁补偿安置费包括（　　）。

A. 耕地占用税　　　　　　　　　B. 三通一平费

C. 劳动力安置费　　　　　　　　D. 安置动迁用房支出

10. 下列选项中属于基础设施建设费的有（　　）。

A. 拆迁补偿安置费　　B. 室外给水系统费　　C. 供电系统费　　　　D. 电梯及其安装费

11. 房地产企业间接成本与共同成本的分配方法包括（　　）。

A. 占地面积法　　　　B. 建筑面积法　　　　C. 直接成本法　　　　D. 预算造价法

12. 房地产企业在开发商品房的过程中发生的配套设施工程支出都可以计入商品房成本。（　　）

A. 对　　　　　　　　B. 错

13. 公共配套设施与商品房非同步建设时，对应负担的配套设施费可采用预提方法。（　　）

A. 对　　　　　　　　　B. 错

子项目二　房地产企业销售业务核算

房地产企业
销售业务核算1

【做中学，学中做】

任务 1　预售房产核算

1. 收房产预售定金

2019 年 3 月 1 日，北京国泰房地产开发有限公司所开发的国际城商品房开始预售，收取房产预售定金（50 套，刷卡金额 250 万元），刷卡手续费为 1 200 元。请根据背景单据编制记账凭证（附件单据较多，不一一列示，共计 152 张）（图 5 – 17）。

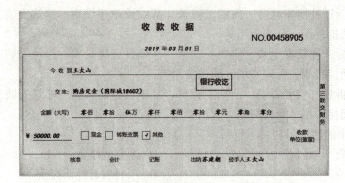

图 5 – 17

签购单

商户名(MERCHANT NAME)：
北京国泰房地产开发有限公司
商户号(MERCHANT NO)：
898350215200896
终端号(TERMINAL NO)：
21045972
卡号(CARD NO)：
622427*****5115
收单行号：48023930
发卡行名：交通银行北京朝阳支行
交易类型(TRANS TYPE)：
消费/SALE
有效期(EXP DATE)：2022/12
批次号(BATCH NO)：000800
凭证号(VOUCHER NO)：022299
参考号(REFER NO)：170808550199
交易日期(DATE)：2019/03/01
交易时间(TIME)：10:29:29
操作员号(OPERATOR NO)：01
金额(AMOUNT)：RMB50000.00
备注(REFERENCE)：
持卡人存根(CARD HOLDER COPY)
王大山

本人确认以上交易
同意将其记入本卡账户
I ACKNOWLEDGE SATISFACTORK
RECEIPT OF RELATIVE GOODS/S
商户存根(MERCHANT COPY)

记 账 凭 证

记字　　号	日期：		附单据　　张
摘要	科目名称	借方金额	贷方金额
合计			

记账　　　　审核　　　　出纳　　　　制单

图 5-17（续）

2. 收到首付款

2019 年 3 月 1 日，北京国泰房地产开发有限公司所开发的项目预订房产签约 30 套，收取房产首付款（30 套，银行收款金额 800 万元，现金 100 万元），刷卡手续费为 4 800 元。请根据背景单据编制记账凭证（附件单据较多，不一一列示，共计 122 张）（图 5-18）。

房地产企业
销售业务核算 2

收 款 收 据

NO.12058093

2019 年 03 月 01 日

今收到 陈翠梅

交来：购房首付款（易居1#101）　　　　　　银行收讫

金额（大写）　零佰　伍拾　零万　零仟　零佰　零拾　零元　零角　零分

¥ 500000.00　□现金　□转账支票　☑其他　　　收款单位（盖章）

第三联交财务

核准　　　会计　　　记账　　　出纳苏走朝　　经手人陈翠梅

图 5-18

易居首付款汇总表

2019年03月01日

项目名称: 易居   单位: 元

客户	证件号	购买单元	付款方式	定金
陈翠梅	11012819790116521X	1#101	POS机刷卡	500000
李可	110128197606013752	1#102	POS机刷卡	800000
赵朋明	110128198711012439	1#103	现金	500000
……	……	……	……	……
小计			POS机刷卡	8000000
小计			现金	1000000
合计				9000000

制表: 黄丽   审核: 谢薇

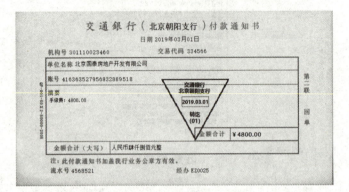

交 通 银 行（北京朝阳支行）付 款 通 知 书

日期 2019年03月01日

机构号 S01110023460   交易代码 334566

单位名称 北京国泰房地产开发有限公司

账号 41636352795683288 9518

摘要

手续费: 4800.00

交通银行
北京朝阳支行
2019.03.01
转讫
(01)

金额合计 ¥4800.00

金额合计（大写） 人民币肆仟捌佰元整

注: 此付款通知书加盖我行业务公章方有效。

流水号 4568521   经办 EZ0025

第二联 回单

签购单

商户名(MERCHANT NAME):
北京国泰房地产开发有限公司
商户号(MERCHANT NO):
898350215200896
终端号(TERMINAL NO):
21045972
卡号(CARD NO):
790427******5112
收单行号: 48023930
发卡行名: 交通银行北京朝阳支行
交易类型(TRANS TYPE):
消费/SALE
有效期(EXP DATE): 2023/12
批次号(BATCH NO): 000800
凭证号(VOUCHER NO): 022293
参考号(REFER NO): 170808550190
交易日期(DATE): 2019/03/01
交易时间(TIME): 14:15:29
操作员号(OPERATOP NO): 01
金额(AMOUNT): RMB500000.00
备注(REFERENCE):
持卡人存根(CARD HOLDER COPY)
陈翠梅
本人确认以上交易
同意将其记入本卡账户
I ACKNOWLEDGE SATISFACTORK
RECEIPT OF RELATIVE GOODS/S
商户存根(MERCHANT COPY)

记 账 凭 证

记字 号   日期: 附单据 张

摘要	科目名称	借方金额	贷方金额
合计			

记账   审核   出纳   制单

图 5-18（续）

3. 收到按揭贷款

北京国泰房地产开发有限公司收到购房按揭贷款（20套，按揭金额1 500万元）。请根据背景单据编制记账凭证（附件单据较多，不一一列示，共计21张）（图5-19）。

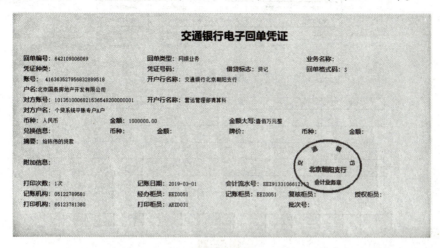

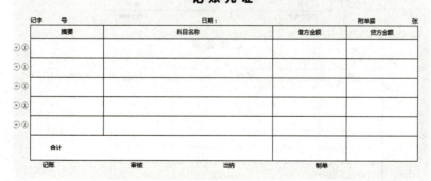

图5-19

任务2　销售收入确认核算

1. 结转收入

2019年5月31日，北京国泰房地产开发有限公司建设的二期湖心岛项目交房。请根据背景单据编制记账凭证（图5-20）。

湖心岛收入结转清单

2019年05月31日

金额单位：元

项目	数量	面积（平方米）	预收款含税收入	增值税销项税额
普通住宅	700套	71500	1050000000	86669247.71
商业	30套	3300	105000000	8669724.77
地下车位	300个	12600	60000000	4954128.44
合计			1215000000	100321100.92

制表：黄丽　　　　　审核：谢薇

记 账 凭 证

记字　　号		日期：		附单据　　张
摘要	科目名称		借方金额	贷方金额
合计				

记账　　　　　审核　　　　　出纳　　　　　制单

图 5 – 20

2. 结转成本

2019 年 5 月 31 日，承接以上内容，北京国泰房地产开发有限公司结转二期湖心岛项目成本。请根据背景单据编制记账凭证（图 5 – 21）。

成本结转清单

2019年05月31日

金额单位：万元

项目	数量	面积（平方米）	开发成本
普通住宅	700套	71500	58630
商业	30套	3300	2970
地下车位	300个	12600	6552
合计			68152

制表：黄丽　　　　　审核：谢薇

记 账 凭 证

记字　　号		日期：		附单据　　张
摘要	科目名称		借方金额	贷方金额
合计				

记账　　　　　审核　　　　　出纳　　　　　制单

图 5 – 21

【小结】

1. 收到房产预售定金

借：银行存款
　　财务费用——手续费
　贷：预收账款

2. 收到首付款

借：银行存款
　　库存现金
　　财务费用——手续费
　　贷：预收账款

3. 收到按揭贷款

借：银行存款
　　贷：预收账款

【巩固提升】

1. 采用分期收款的方式销售开发产品，其销售成本的结转应与分期收款销售收入实现的时间一致。（　　）

A. 对　　　　　　　　　　　　　　B. 错

2. 商品房售后服务收入属于房地产企业的其他业务收入。（　　）

A. 对　　　　　　　　　　　　　　B. 错

3. 符合房地产企业"营业收入"的项目有（　　）。

A. 出租固定资产收取的租金　　　　　B. 出售固定资产收取的价款
C. 出售原材料收取的价款　　　　　　D. 出售商品房收取的价款

子项目三　房地产企业税费核算

【做中学，学中做】

任务 1　增值税核算

房地产企业
税费核算1

1. 收到定金预缴税费

2019 年 5 月 1 日，北京国泰房地产开发有限公司上月收到定金 350 万元，预缴本月增值税额。请根据背景单据编制记账凭证（图 5 - 22）。

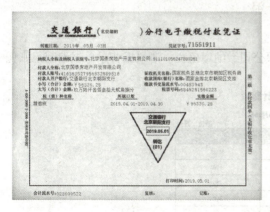

图 5 - 22

2. 收到按揭款预缴税费

2019 年 5 月 1 日，北京国泰房地产开发有限公司上月收到按揭款 2 500 万元，预缴增值税额。请根据背景单据编制记账凭证（图5－23）。

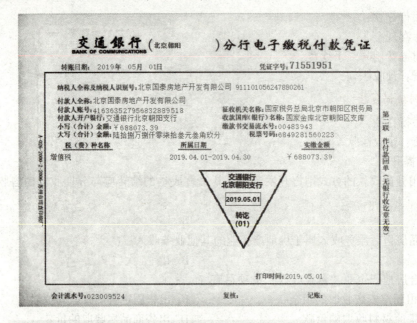

图5－23

3. 扣缴增值税

2019年5月1日，北京国泰房地产开发有限公司缴纳增值税。请根据背景单据编制记账凭证（图5－24）。

增值税计算表

2019年04月30日

单位：万元

增值税明细	税额
销项税额	1500
视同销售	300
进项税额	750
销项税额抵减	300
预交增值税	494
本期应交增值税	256

图5－24

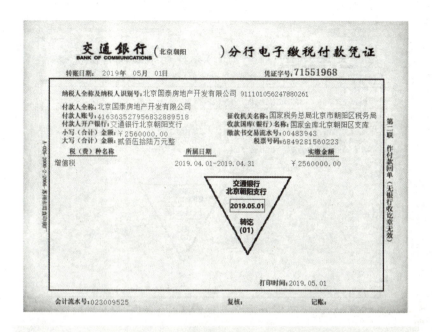

图 5-24（续）

任务 2　土地增值税核算

1. 扣缴土地增值税

2019 年 5 月 1 日，北京国泰房地产开发有限公司预缴土地增值税。请根据背景单据编制记账凭证（图 5-25）。

土地增值税计算表

2019年04月31日

单位：元

类型	含税房款	土地增值税预征率	应预交土地增值税
普通住宅	33300000	2%	611009.17
商业	11100000	5%	509174.31
车位	1110000	5%	50917.43
合计			1171100.91

制表：黄丽　　　　　　审核：谢薇

图 5-25

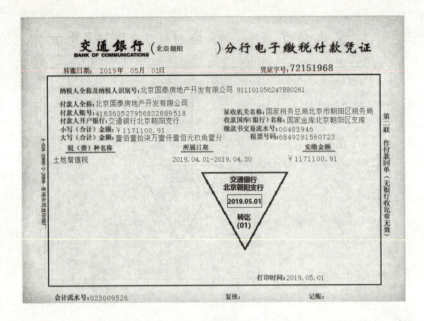

图 5-25（续）

2. 计提土地增值税

2019 年 4 月 30 日，北京国泰房地产开发有限公司计提土地增值税。请根据背景单据编制记账凭证（图 5-26）。

土地增值税计算表

2019年04月30日

金额单位：元

税（费）种	项目预计税费 （仅商业型缴纳）	项目总面积（平方米）	本期结转收入面积（平方米）	本期应交税费 （按面积分摊计提）
土地增值税	64894594.57	11000	3300	19468378.37

制表：黄丽　　　　　　审核：谢薇

图 5-26

记账凭证

记字　　号		日期：			附单据　张
摘要		科目名称		借方金额	贷方金额
⊕⊗					
⊕⊗					
⊕⊗					
⊕⊗					
⊕⊗					
合计					
记账	审核		出纳	制单	

图 5 – 26（续）

3. 缴纳土地增值税

2019 年 5 月 1 日，北京国泰房地产开发有限公司对锦绣城项目进行土地增值税清算并缴纳税款。请根据背景单据编制记账凭证（图 5 – 27）。

房地产企业
税费核算 2

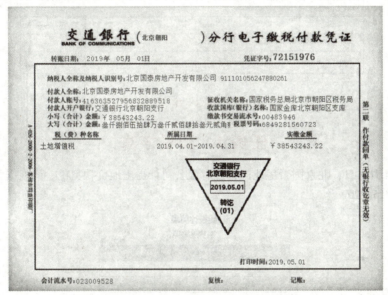

记账凭证

记字　　号		日期：			附单据　张
摘要		科目名称		借方金额	贷方金额
⊕⊗					
⊕⊗					
⊕⊗					
⊕⊗					
⊕⊗					
合计					
记账	审核		出纳	制单	

图 5 – 27

任务3　附加税核算

2019年3月31日，北京国泰房地产开发有限公司计提附加税。请根据背景单据编制记账凭证（税金及附加需分明细科目）（图5-28）。

房地产企业
税费核算3

附加税计算表
2019年03月31日

单位：元

税（费）种	增值税	税率（征收率）	本期应纳税（费）额	本期已缴税（费）额	期应补（退）税（费）额
城市维护建设税（市区）	2560000	7%	179200		179200
教育费附加	2560000	3%	76800		76800
地方教育附加	2560000	2%	51200		51200
合计			307200	0	307200

制表：黄丽　　　　　　　　审核：谢薇

记 账 凭 证

记字　号　　　　　　　　日期：　　　　　　　　　附单据　张

摘要	科目名称	借方金额	贷方金额
合计			

记账　　　　审核　　　　出纳　　　　制单

图5-28

任务4　契税核算

2019年4月1日，北京国泰房地产开发有限公司计提土地价款契税。请根据背景单据编制记账凭证（图5-29）。

契税计算表
2019年04月01日

单位：元

计税依据（土地出让金）	税率	本期应纳税额
2500000	3%	75000
合计		75000

制表：黄丽　　　　　　　　审核：谢薇

记 账 凭 证

记字　号　　　　　　　　日期：　　　　　　　　　附单据　张

摘要	科目名称	借方金额	贷方金额
合计			

记账　　　　审核　　　　出纳　　　　制单

图5-29

任务5　房产税核算

2019年3月31日，北京国泰房地产开发有限公司出租商铺，按月计提房产税。请根据背景单据编制记账凭证（图5-30）。

房产税计算表

2019年03月31日

单位: 元

月租金	适用税率	本月应计提税额
450000.00	12%	54000.00
合计		¥54000.00

制表: 黄丽　　　审核: 谢账

记 账 凭 证

记字　号　　　　　　　　　　　日期:　　　　　　　　　　附单据　　张

摘要	科目名称	借方金额	贷方金额
合计			

记账　　　审核　　　出纳　　　　制单

图5-30

【小结】

1. 增值税业务核算

（1）预缴税费。

借：应交税费——预缴增值税

　　贷：银行存款

（2）扣缴增值税。

借：应缴税费——未交增值税

　　贷：银行存款

2. 土地增值税业务核算

（1）扣缴土地增值税。

借：应缴税费——应交土地增值税

　　贷：银行存款

（2）计提土地增值税。

借：税金及附加——土地增值税

　　贷：应交税费——应交土地增值税

3. 附加税核算

借：税金及附加——城市维护建设税

　　税金及附加——教育费附加

　　税金及附加——地方教育费附加

　　贷：应缴税费——应交城市维护建设税

　　　　应缴税费——应交教育费附加

　　　　应缴税费——应交地方教育费附加

4. 印花税、契税、土地使用税、房产税等核算

借：税金及附加

    贷：应交税费

【巩固提升】

1. 房地产小规模纳税人采取预收款方式销售自行开发的房地产项目，应预缴增值税款为（　　）。

A. 预收款÷(1+5%)×3%　　　　　　B. 预收款÷(1+3%)×3%

C. 预收款×3%　　　　　　　　　　D. 预收款×5%

2. 根据我国《土地增值税暂行条例》的规定，我国现行土地增值税实行的税率属于（　　）。

A. 比例税率　　　　B. 超额累进税率　　　　C. 定额税率　　　　D. 超率累进税率

3. 甲房地产企业本月计提印花税 30 000 元，以下会计分录正确的是（　　）。

A. 借：应交税费——应交印花税　　　　　　　　　　　　　　30 000

       贷：银行存款　　　　　　　　　　　　　　　　　　　　　　30 000

B. 借：应交税费——应交印花税　　　　　　　　　　　　　　30 000

       贷：税金及附加——印花税　　　　　　　　　　　　　　　　30 000

C. 借：管理费用——税费　　　　　　　　　　　　　　　　　30 000

       贷：应交税费——应交印花税　　　　　　　　　　　　　　　30 000

D. 借：税金及附加——印花税　　　　　　　　　　　　　　　30 000

       贷：应交税费——应交印花税　　　　　　　　　　　　　　　30 000

4. 没有在房地产企业"税金及附加"中核算的税费有（　　）。

A. 增值税　　　　　　B. 个人所得税　　　　C. 土地增值税　　　　D. 耕地占用税

5. 营改增以后，房地产企业一般纳税人在"应交税费"下应设的相关科目有（　　）。

A. 未交增值税　　　　B. 应交增值税　　　　C. 预交增值税　　　　D. 简易计税

6. 房地产企业以出让方式获取国有土地使用权可能涉及的税费包括（　　）。

A. 印花税　　　　　　B. 契税　　　　　　　C. 耕地占用税　　　　D. 企业所得税

7. 一般纳税人销售自行开发的房地产老项目适用简易计税方法计税的，以取得的全部价款和价外费用为销售额，并且可以扣除对应的土地价款。（　　）

A. 对　　　　　　　　B. 错

8. 房地产企业采取预收款方式销售所开发的房地产项目，在收到预收款时按照 3% 的预征税率预缴增值税。（　　）

A. 对　　　　　　　　B. 错

项目六

农业企业会计核算

【知识目标】

- 认识农业企业经营活动；
- 了解农业企业会计核算的特点；
- 熟悉农业行业的主要经济业务内容和资金运动规律；
- 掌握农业与其他行业在会计核算上的差异。

农业行业认知

【能力目标】

- 能处理农业企业生物性资产的核算；
- 能处理农业企业农产品的核算；
- 能正确处理幼畜及育肥畜的核算；
- 能正确处理农业企业的存货、生产成本、损益等的核算。

【素质目标】

- 能根据需求查阅相关的资料，分析相关数据；
- 能与其他财会人员进行协调合作。

杂交水稻之父
袁隆平

【思政目标】

- 树立正确的世界观、人生观和价值观；
- 培养"知农、爱农、服务三农"的意识，为新时代国家脱贫攻坚、乡村振兴、生态文明和美丽中国建设助力。

【行业认知】

农业是国民经济中的重要产业。广义农业包括种植业、林业、畜牧业、渔业、副业五种产业形式；狭义农业是指种植业，包括生产粮食作物、经济作物、饲料作物和绿肥等农作物的生产活动。

农业企业是指通过种植、养殖、采集、渔猎等生产经营而取得产品的盈利性经济组织，有广义与狭义之分。前者包括从事农作物栽培业、林业、畜牧业、渔业和副业等生产经营活动的企业；后者仅指从事种植业或者作物栽培的企业。

农业企业的经营特点如下。

（1）土地是农业生产的重要生产资料，是农业生产的基础。

（2）农业生产具有明显的季节性和地域性，劳动时间与生产时间不一致，生产周期长。

（3）农业生产中部分劳动资料和劳动对象可以相互转化，部分产品可作为生产资料重新投入生产。

（4）种植业和养殖业之间存在相互依赖、相互促进的关系，从而要求经营管理必须与之相适应，一般都实行一业为主、多种经营、全面发展的经营方针。

（5）农业生产不仅在经营上实行一业为主、多种经营，而且在管理上实行联产承包、统分结合、双层经营的体制。

为了规范农业企业会计核算，提高农业企业会计信息质量，根据《中华人民共和国会计法》《企业财务会计报告条例》《企业会计制度》以及国家有关法律、法规，结合农业企业的实际情况，财政部于2004年制定了《农业企业会计核算办法》。

子项目一　农业企业生物资产核算

农业企业生物
资产核算1

【知识储备】

（1）生物资产认知。

生物资产，是指有生命的动物和植物，分为消耗性生物资产、生产性生物资产和公益性生物资产。

消耗性生物资产，是指为出售而持有的，或在将来收获为农产品的生物资产，包括生长中的大田作物、蔬菜、用材林以及存栏待售的牲畜等。

生产性生物资产，是指为产出农产品、提供劳务或出租等目的而持有的生物资产，包括经济林、薪炭林、产畜和役畜等。

公益性生物资产，是指以防护、环境保护为主要目的的生物资产，包括防风固沙林、水土保持林和水源涵养林等。

值得注意的是，收获后的农产品适用《企业会计准则第1号——存货》。

（2）企业应分别核算生产性生物资产和消耗性生物资产。

企业应增设"生产性生物资产"科目，核算成熟生产性生物资产的原价；增设"生物性在建工程"科目，核算未成熟生产性生物资产发生的实际支出。

企业应增设"消耗性林木资产"科目，核算已郁闭成林消耗性林木资产的实际成本。暂时难以明确生产性或消耗性特点的林木资产实际成本，也在本科目核算。

企业应增设"公益林"科目，核算已郁闭成林公益林的实际成本。

企业应增设"农业生产成本"科目，核算农业活动过程中发生的各项生产费用。

企业应增设"幼畜及育肥畜"科目，核算实行分群核算的幼畜（禽）或育肥畜（禽）的实际成本。实行分群核算的企业，其幼畜（禽）或育肥畜（禽）的饲养费用，在"农业生产成本"科目核算，不在本科目核算。

（3）生物资产的初始计量应当按实际成本入账，实际成本的确定方法如下。

①外购的生物资产，以购买价格、运输费、保险费以及其他可直接归属于购买生物资产的相关税费，作为实际成本。

②自行营造的具有生产性特点的林木，如橡胶树、果树、桑树、茶树和母树林等，以达到预定生产经营目的前营造林木发生的必要支出，作为实际成本。

自行营造的具有消耗性特点的林木，以郁闭成林前营造林木发生的必要支出，作为实际成本。

③自繁的幼畜成龄转为产畜或役畜，以成龄时的账面价值，作为实际成本；产畜或役畜淘汰转为育肥畜，以淘汰时的账面价值，作为实际成本。

④以其他方式获得的生物资产，如盘盈、接受捐赠、接受投资、非货币性交易、债务重组等，分别按《企业会计制度》《企业会计准则——固定资产》《企业会计准则——存货》有关存货和固定资产的规定，确定实际成本。

从生物资产收获的农产品，按其生物转化过程中应当计入的各种耗费和已确定的成本计算方法计算确定的实际成本入账。

家庭农场、家庭林场、家庭牧场、家庭渔场等（以下简称"家庭农场"）上交的农产品验收入库时，按结算价格入账。

农业企业生物
资产核算 2

企业应增设"农产品"科目，核算企业从事农业活动所收获的农产品和家庭农场上交的农产品的实际成本，包括种植业产品、畜牧养殖业产品、水产品和林产品。

（4）成熟生产性生物资产达到预定生产经营目的后发生的管护费用，应在发生当期计入农业生产成本。

郁闭成林后的消耗性林木资产和公益林发生的管护费用，应在发生当期计入营业费用。

（5）企业应至少于每年年度终了对生产性生物资产进行检查，如果遭受自然灾害、病虫害、动物疫病侵袭等原因导致其可收回金额低于账面价值，应按其可收回金额低于账面价值的差额，计提生产性生物资产减值准备。

生产性生物资产减值准备一经计提，不得转回。

在通常情况下，在未遭受自然灾害、病虫害、动物疫病侵袭时，生产性生物资产不计提减值准备，按账面价值计量。

（6）企业应至少于每年年度终了对消耗性生物资产进行检查，如果遭受自然灾害、病虫害、动物疫病侵袭等原因导致消耗性生物资产的成本高于可变现净值，应按可变现净值低于成本的部分，计提存货跌价准备或消耗性林木资产跌价准备。

企业所拥有的公益林不计提跌价准备。

消耗性生物资产计提的存货跌价准备或消耗性林木资产跌价准备一经计提，不得转回。

在通常情况下，在未遭受自然灾害、病虫害、动物疫病侵袭时，消耗性生物资产不计提存货跌价准备或消耗性林木资产跌价准备，按成本计量。

任务 1 林业生物性资产业务核算

【做中学，学中做】

济南某种植有限公司自 2019 年开始自行营造 10 公顷法桐，当年发生种苗费 18 900 元、平整土地和定植所需的机械作业费 5 550 元、定植当年抚育发生肥料及农药费 25 050 元、人员工资等 45 000 元。该树达到正常生产需要 6 年，2020—2024 年共发生管护费用 241 500 元，以银行存款支付。

要求：编制上述业务的会计分录（图 6-1）。

图 6-1

记账凭证

记字 号		日期：		附单据 张
摘要	科目名称		借方金额	贷方金额
合计				

记账　　　　审核　　　　出纳　　　　制单

记账凭证

记字 号		日期：		附单据 张
摘要	科目名称		借方金额	贷方金额
合计				

记账　　　　审核　　　　出纳　　　　制单

图 6-1（续）

任务 2　产畜生物资产业务核算

【做中学，学中做】

某养殖有限公司于 2019 年 12 月 4 日丢失三头种猪，账面原值为 10 600 元，已经计提折旧 600 元。经查实，饲养员张某负有一定管理责任，应赔偿 5 000 元。要求：编制相关业务的会计分录（图 6-2）。

记账凭证

记字 号		日期：		附单据 张
摘要	科目名称		借方金额	贷方金额
合计				

记账　　　　审核　　　　出纳　　　　制单

图 6-2

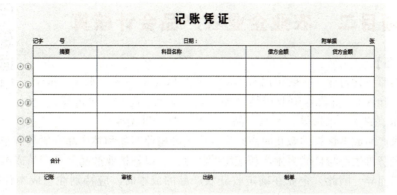

图 6-2（续）

【小结】

1. 购入农用材料

借：农用材料——×× 材料
　　贷：银行存款

2. 领用农用材料用于农业生产

领用：借：农业生产成本
　　　　　贷：农用材料——材料

收获：借：农产品
　　　　　贷：农业生产成本

3. 将自产农产品留作自用/视同销售

借：农用材料——种子
　　贷：主营业务收入

结转成本：借：主营业务成本
　　　　　　　贷：农业生产成本

【巩固提升】

1. 购入农用材料时，应当借记（　　）。

A. "农业生产成本"科目　　　　　　　B. "主营业务成本"科目

C. "农用材料"科目　　　　　　　　　D. "材料采购"科目

2. 领用农用材料用于农业生产时，应当借记（　　）。

A. "农业生产成本"科目　　　　　　　B. "主营业务成本"科目

C. "农用材料"科目　　　　　　　　　D. "材料采购"科目

3. 宁乡凤凰山水稻种植专业合作社在 2017 年发生的经济业务如下。

（1）2 月 10 日，购入化肥一批，价款为 10 000 元，增值税率为 10%，运杂费为 200 元，款项均已通过银行付讫，化肥已验收入库。

（2）3 月 8 日，领用种子 1 000 千克，每千克成本为 4 元。

（3）10 月 3 日，将自产的水稻 2 000 千克入库留作种子，市价为每千克 4 元，该水稻生产成本为每公斤 1.5 元。

要求：对以上经济业务进行相应的账务处理。

子项目二　农业企业农产品会计核算

【知识储备】

农产品按照所处行业，一般可以分为种植业产品（如小麦、水稻、玉米、棉花、糖料、叶等）、畜牧养殖业产品（如牛奶、羊毛、肉类、禽蛋等）、林产品（如苗木、原木、水果等）和水产品（如鱼、虾、贝类等）。

从收获农产品成本核算的截止时点来看，由于种植业产品和林产品一般具有季节性强、生产周期长、经济再生产与自然再生产相交织的特点，所以种植业产品和林产品成本计算期因不同产品的特点而异。因此，企业在确定收获农产品的成本时，应特别注意成本计算的截止时点，而在收获时点之后的农产品应当适用《企业会计准则第1号——存货》。一般而言，成本计算的截止时点如下。

（1）种植业产品：粮豆的成本算至入库或能够销售；棉花算至皮棉；纤维作物、香料作物、人参、啤酒花等算至纤维等初级产品；草成本算至干草；不入库的鲜活产品算至销售；入库的鲜活产品算至入库；年底尚未脱粒的作物算至预提脱粒费用等。

（2）林产品：育苗的成本计算算至出圃；采割阶段，林木采伐算至原木产品；橡胶算至加工成干胶或浓缩胶乳；茶算至各种毛茶；水果等其他收获活动算至产品能够销售等。

任务 1　消耗性生物资产收获农产品的业务核算

【做中学，学中做】

从消耗性生物资产上收获农产品后，消耗性生物资产自身完全转为农产品而不复存在，如肉猪被宰杀后的猪肉、收获后的蔬菜、用材林被采伐后的木材等，企业应当将收获时点消耗性生物资产的账面价值结转为农产品的成本。借记"农产品"科目，贷记"消耗性生物资产"科目，已计提跌价准备的，还应同时结转跌价准备，借记"存货跌价准备——消耗性生物资产"科目；对于不通过入库直接销售的鲜活产品等，按实际成本，借记"主营业务成本"科目，贷记"消耗性生物资产"科目。

某种植企业 2020 年 6 月入库大豆 10 吨，成本为 10 000 元。编制会计分录（图 6 - 3）。

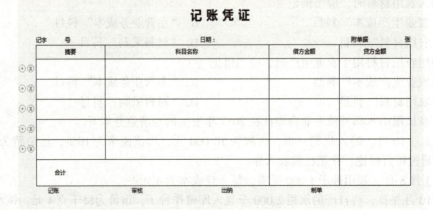

图 6 - 3

任务 2　生产性生物资产收获农产品的业务核算

【做中学，学中做】

生产性生物资产具备自我生长性，能够在生产经营中长期、反复使用，从而不断产出农产品。从生产性生物资产上收获农产品后，生产性生物资产这一母体仍然存在，如奶牛产出牛奶、从果树上采摘下水果等。农业生产过程中发生的各项生产费用，按照经济用途可以分为直接材料、直接人工等直接费用以及间接费用，农业企业应当区别处理。

一、直接费用的核算

农产品收获过程中发生的直接材料、直接人工等直接费用，直接计入相关成本核算对象，借记"农业生产成本——农产品"科目，贷记"库存现金""银行存款""原材料""应付职工薪酬""生产性生物资产累计折旧"等科目。

农业企业农产品
会计核算

某奶牛养殖企业在 2020 年 12 月发生奶牛（已进入产奶期）的饲养费用如下：领用饲料 500 千克，计 2 000 元，应付饲养人员工资 5 000 元，以现金支付防疫费 600 元。编制会计分录（图 6 - 4）。

记账凭证

记字　　　号	日期：		附单据　　　张
摘要	科目名称	借方金额	贷方金额
合计			
记账	审核	出纳	制单

图 6 - 4

二、间接费用的核算

农产品收获过程中发生的间接费用，如材料费、人工费、生产性生物资产的折旧费等应分摊的共同费用，应当在生产成本中归集，借记"农业生产成本——共同费用"科目，贷记"库存现金""银行存款""原材料""应付职工薪酬""生产性生物资产累计折旧"等科目；在会计期末按一定的分配标准，分配计入有关的成本核算对象，借记"农业生产成本——农产品"科目，贷记"农业生产成本——共同费用"科目。

实务中，常用的间接费用分配方法通常以直接费用或直接人工为基础，直接费用比例法以生物资产或农产品相关的直接费用为分配标准，直接人工比例法以直接从事生产的工人工资为分配标准，其公式为：

间接费用分配率 = 间接费用总额 ÷ 分配标准（即直接费用总额或直接人工总额）×100%

某项生物资产或农产品应分配的间接费用额 = 该项资产相关的直接费用或直接人工 × 间接费用分配率

除此之外，还可以直接材料、生产工时等为基础进行分配，在实际工作中，可以根据实际情况加以选用。例如蔬菜的温床费用分配计算公式如下：

蔬菜应分配的温床(温室)费用 = [温床(温室)费用总数 ÷ 实际使用的格日(平方米日)总数] × 该种蔬菜占用的格日(平方米日)数

其中，温床格日数是指某种蔬菜占用温床格数和在温床生产日数的乘积，温室平方米日数是指某种蔬菜占用位的平方米数和在温室生长日数的乘积。

某农场利用温床培育黄瓜、西红柿两种秧苗，温床费用为 3 200 元，其中黄瓜占用温床 40 格，生长期为 30 天；西红柿占用温床 10 格，生长期为 40 天。秧苗育成移至温室栽培后，发生温室费用 15 200 元，其中黄瓜占用温室 1 000 平方米，生长期为 70 天；西红柿占用温室 1 500 平方米，生长期为 80 天。两种蔬菜发生的直接生产费用为 3 000 元，其中黄瓜 1 360 元、西红柿 1 640 元。应负担的间接费用共计 4 500 元，采用直接费用比例法分配。黄瓜和西红柿两种蔬菜的产量分别为 38 000 千克和 29 000 千克。请分别计算黄瓜和西红柿的温床费、温室费和间接费用（表 6 - 1）。

表 6 - 1　计算费用

黄瓜：	西红柿：
温床费	温床费
温室费	温室费
间接费用	间接费用

【小结】

1. 收获的农产品验收入库

借：农产品

　　贷：农业生产成本

2. 家庭农场上交的农产品验收入库

借：农产品

　　贷：应付家庭农场款

3. 出售农产品

借：银行存款

　　贷：主营业务收入

同时，

借：主营业务成本

　　贷：农产品

4. 清查盘点中盘盈或盘亏

转入"待处理财产损益"科目，查明原因后再行处理。

【巩固提升】

2018 年 10 月 20 日，西北农场自产大豆 200 000 千克，已经验收入库，每千克的实际成本为 2 元。11 月 28 日，农场销售大豆 100 000 千克，每千克的售价为 3.60 元，每千克的实际成本为 2 元。

子项目三　农业企业幼畜及育肥畜会计核算

【知识储备】

幼畜及育肥畜会计核算实行分群核算幼畜（禽）或育肥畜（禽）的实际成本。

农业企业幼畜
及育肥畜会计核算1

实行分群核算的农业企业，其幼畜（禽）或育肥畜（禽）的饲养费用在"农业生产成本"科目核算，不在本科目核算；实行混群核算的农业企业，其幼畜（禽）或育肥畜（禽）的实际成本和饲养费用，在"农业生产成本"科目核算，不在本科目核算。

幼畜（禽）或育肥畜（禽）的主要账务处理如下。

（1）外购的幼畜（禽）或育肥畜（禽），按购买价格、运输费、保险费以及其他可直接归属于购买幼畜（禽）或育肥畜（禽）的相关税费，借记本科目，贷记"银行存款""应付账款"等科目。

（2）自繁幼畜（禽）按实际成本，借记本科目，贷记"农业生产成本"科目。

（3）结转幼畜（禽）或育肥畜（禽）的饲养费用，按结转金额，借记本科目，贷记"农业生产成本"科目。

（4）幼畜（禽）或育肥畜（禽）转群，借记本科目（××群别），贷记本科目（××群别）。

（5）产畜或役畜淘汰转为育肥畜时，按淘汰时的账面价值，借记本科目，按已计提的累计折旧，借记"生物资产累计折旧"科目，按已计提的减值准备，借记"成熟生产性生物资产减值准备"科目；按账面余额，贷记"生产性生物资产"科目。

（6）幼畜成龄转为产畜或役畜时，按其账面价值，借记"生产性生物资产"科目，按已计提的幼畜及育肥畜跌价准备，借记"存货跌价准备——幼畜及育肥畜跌价准备"科目；按账面余额，贷记本科目。

（7）幼畜（禽）或育肥畜（禽）对外销售，结转幼畜（禽）或育肥畜（禽）的实际成本时，按结转的实际成本，借记"主营业务成本"科目，贷记本科目。

（8）幼畜（禽）或育肥畜（禽）因死亡造成的损失，按其账面价值，借记"待处理财产损溢"科目，按已计提的幼畜（禽）及育肥畜（禽）跌价准备，借记"存货跌价准备——幼畜及育肥畜跌价准备"科目；按账面余额，贷记本科目。

待查明原因后，根据农业企业的管理权限，经股东大会或董事会，或经理（场长）会议或类似机构批准后，在期末结账前处理完毕。幼畜（禽）或育肥畜（禽）因死亡造成的损失，在减去过失人或者保险公司等赔款和残余价值之后，计入当期管理费用，借记"管理费用"科目，贷记"待处理财产损溢"科目；属于自然灾害等非常损失的，计入营业外支出，借记"营业外支出——非常损失"科目，贷记"待处理财产损溢"科目。

幼畜（禽）或育肥畜（禽）因死亡造成的损失，如在期末结账前尚未经批准，应在对外提供财务会计报告时先按上述规定进行处理，并在会计报表附注中作出说明；如果其后批准处理的金额与已处理的金额不一致，应按其差额调整会计报表相关项目的年初数。

任务1　幼猪转为母猪业务核算

农业企业幼畜
及育肥畜会计核算2

【做中学，学中做】

2020年10月，某农场将10头4个月以上的幼猪转为母猪，这10头幼猪的账面余额为2 600元，农场未计提存货跌价准备。要求：做相应的账务处理（图6-5）。

图6-5

任务2　幼猪转为产畜业务核算

2020年10月5日，某农场外购仔猪20头，价款为10 000元，运输费为500元，款项均已通过银行付讫。截至10月末，这批仔猪共发生饲养费用4 000元，结转其饲养费用。11月2日，农场将两头幼猪转为产畜，幼猪的市场价格为每头1 100元，成本为600元。

1. 外购仔猪的核算

记账凭证如图6-6所示。

记账凭证

摘要	科目名称	借方金额	贷方金额
合计			

记账　　　审核　　　出纳　　　制单

图6-6

2. 仔猪饲养费用的核算

记账凭证如图6-7所示。

记账凭证

摘要	科目名称	借方金额	贷方金额
合计			

记账　　　审核　　　出纳　　　制单

图6-7

3. 幼猪转为产畜的核算

产畜用"生产性生物资产"账户核算，将幼猪转为产畜，应视同销售，按市场价格确认收入，按实际成本结转成本（图6-8）。

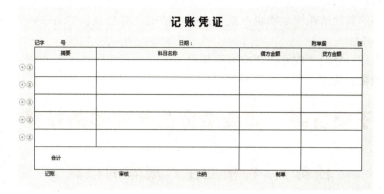

图6-8

【小结】

1. 外购的幼畜及育肥畜的核算

借记"幼畜及育肥畜"账户（包含买价、运输费、保险费以及相关税费）；贷记"银行存款""应付账款"等账户。

2. 饲养费用的核算

幼畜及育肥畜的饲养费用包括直接使用的人工、直接消耗的饲料和直接消耗的药品等业务的核算，猪舍的折旧费以及水、电、汽等开支。发生开支时在"农业生产成本"账户核算，月末结转至"幼畜及育肥畜"账户。

3. 转群的核算 幼畜及育肥畜转群时

借记"幼畜及育肥畜（××群）"账户，贷记"幼畜及育肥畜（××群）"账户。

4. 幼畜转为产畜的核算 按其账面价值

借记"生产性生物资产"账户，已计提减值准备或累计折旧的，应同时结转；按账面余额，贷记"幼畜及育肥畜"账户。

【巩固提升】

1. 实行混群核算的农业企业，其幼畜（禽）及育肥畜（禽）的实际成本和饲养费用，应当在（   ）科目核算。

A. "农业生产成本"　　　　　　　B. "农用材料"

C. "幼畜及育肥畜"　　　　　　　D. "生产性生物资产"

2. 实行混群核算的农业企业，其幼畜成龄转为产畜或役畜时，应当（　　　）。

A. 按账面价值，借记"生产性生物资产"科目

B. 按已计提的其他消耗性生物资产跌价准备，借记"存货跌价准备——其他消耗性生物资产跌价准备"科目

C. 按账面余额，贷记"农业生产成本"科目

D. 按账面余额，贷记"农产品"科目

子项目四　农业企业生产成本的核算

任务1　种植业生产成本的核算

农业企业生产
成本的核算1

【知识储备】

一、成本核算对象

企业应根据种植业生产特点和成本管理要求，按照"主要从细，次要从简"的原则确定种植业成本核算对象。主要产品确定为小麦、水稻、大豆、玉米、棉花、糖料、烟叶、草、剑麻纤维等。对主要产品，应单独核算其生产成本；对其他农产品可合并核算其生产成本。

二、成本计算期

企业应与其生产周期一致，在产品产出的月份计算成本。种植业产品生产成本计算的截止时间因农作物产品特点而异。粮豆的成本算至入库或在场上能够销售；棉花算至皮棉；纤维作物、香料作物、人参、啤酒花等算至纤维等初级产品；草成本算至干草；不入库的鲜活产品算至销售；入库的鲜活产品算至入库；年底尚未脱粒的作物算至预提脱粒费用。下年度实际发生的脱粒费用与预提费用的差额，由下年同一产品负担。

三、成本项目

农业企业应根据具体情况设置成本项目。一般情况下可设置以下成本项目。

（1）直接材料，指生产中耗用的自产或外购的种子、种苗、肥料、地膜、农药等。

（2）直接人工，指直接从事种植业生产人员的工资、工资性津贴、奖金、福利费。

（3）机械作业费，指生产过程中进行耕耙、播种、施肥、中耕除草、喷药、收割等机械作业所发生的费用支出。

（4）其他直接费，指除直接材料、直接人工和机械作业费以外的其他直接费用。

（5）制造费用，指应摊销、分配计入各产品的间接生产费用。

四、成本计算参考公式

农业企业生产
成本的核算2

某种作物单位面积(公顷)成本 = 该种作物生产总成本/该种作物播种面积

某种作物主产品单位产量(千克)成本 = (该种作物生产总成本 – 副产品价值)/该种作物主产品产量

某种蔬菜应分配的温床(温室)费用 = [温床(温室)费用总额/

实际使用的格日(平方米日)总数]×该种蔬菜占用的格日(平方米日)数

草场单位面积(公顷)成本 = 种草生产总成本/种草总面积

干草单位产量(吨)成本 = 种草生产总成本/干草总产量

多次收获的多年生作物，未提供产品前累计发生的费用，按规定比例摊入投产后各期的产品成本。

【做中学，学中做】

某农业企业种植山东青岛明月苹果，在 2020 年年初自行营造 100 亩苹果树，该苹果树成长期为 2 年，第 3 年开始挂果，该苹果树从挂果时起，预期经济寿命为 12 年（假定该苹果树采用年限平均法计提折旧，果树期满无残值）。2020 年发生费用共计 480 000 元，其中种苗费 210 000 元、平整土地所需机械作业费 30 000 元、当年肥料 100 000 元、农药 10 000 元、人工费 80 000 元、管护费 50 000 元；2021 年发生抚育费用共计 120 000 元，其中化肥费用 70 000 元、农药 10 000 元、人工费 20 000 元、管护费 20 000 元。2022 年发生抚育和采摘费用共计 150 000 元，其中化肥费用 70 000 元、农药费用 10 000 元、人工费 30 000 元、管护费 40 000 元，2022 年收获苹果 400 000 千克。要求：计算 2022 年产出苹果每千克的单位成本（表 6 - 2）。

表 6 - 2 计算成本

苹果树成长期间 2 年的总成本	
每年应分摊苹果树的折旧费用	
2022 年产出的每千克苹果的单位成本	

任务 2 畜牧养殖业生产成本的核算

【知识储备】

一、成本核算对象

畜牧养殖业的成本核算对象是畜（禽）群及其产品。主要畜（禽）产品有牛奶、羊毛、肉类、禽蛋、蚕茧等。畜（禽）饲养可实行分群饲养，也可实行混群饲养。实行分群饲养的主要畜（禽）群别划分如下。

（1）养猪业：基本猪群（包括母猪、种公猪、检定母猪、2 个月以内的未断奶仔猪）；2 ~ 4 个月幼猪；4 个月以上的幼猪和育肥猪。

（2）养牛业：基本牛群（包括母牛和公牛）；6 个月以内的犊牛；6 个月以上的幼牛。

（3）养马业：基本马群（包括母马、种公马、未断奶的马驹）；当年生幼马；二年生幼马；三年生幼马。

（4）养羊业：基本羊群（包括母羊、种公羊、未断奶的羔羊）；当年生幼羊；往年生幼羊；去势羊和非种用公羊。

（5）养禽业：基本禽群（包括成龄禽）；幼禽和育肥禽；人工孵化群。

二、成本项目

（1）直接材料，指畜牧养殖业生产耗用的饲料、燃料、动力、畜禽医药费等。

（2）直接人工，指直接从事畜牧养殖业生产人员的工资、工资性津贴、奖金、福利费。

（3）其他直接费，指除直接材料、直接人工以外的其他直接费用。

（4）制造费用，指应摊销、分配计入各群别的间接生产费用，如产役畜折旧等。

三、成本计算参考公式

1. 混群核算的成本计算参考公式

某类畜（禽）本期生产总成本（元）＝期初存栏价值＋本期饲养费用＋本期购入畜（禽）价值＋本期无偿调入畜（禽）价值－期末存栏价值－本期无偿调出畜（禽）价值

某类畜（禽）主产品单位成本（元）＝（某类畜（禽）生产总成本－副产品价值）/该类畜（禽）主产品总产量

2. 分群核算的成本计算参考公式

畜（禽）饲养日成本（元/头（只）日）＝该群本期饲养费用/该群饲养头（只）日数

离乳幼畜活重单位成本（元/千克）＝（该群累计饲养费用－副产品价值）/离乳幼畜活重

幼畜或育肥畜增重单位成本（元/千克）＝（该群本期饲养费用－副产品价值）/该群增重数

农业企业生产
成本的核算3

某畜群增重量（千克）＝该群期末存栏活重＋本期离群活重（不包括死畜重量，下同）－期初结转、期内购入和转入的活重

某群幼畜或育肥畜活重单位成本（元/千克）＝（期初活重总成本＋本期增重总成本＋购入、转入总成本－死畜残值）/（期末存栏活重＋期内离群活重）

主产品单位成本（元/千克）＝（该畜群累计全部饲养费用－副产品价值）/该畜群主产品总产量

【做中学，学中做】

某养殖有限公司2020年8月的"农业生产成本——基本猪群"明细账户资料如下：期初在产品成本1 300元，本期发生的饲养费用25 980元，产畜折旧费1 150元，本期副产品价值500元。期初未断乳仔猪60头，活重为280千克，本期转出已满两个月断乳仔猪1 200头，活重为7 000千克，期末存栏未满两个月未断乳仔猪70头，活重为350千克。要求：根据上述资料按照活重比例计算仔猪成本，并进行账务处理（表6－3、图6－9）。

表6－3　计算成本

仔猪活重单位成本	
断乳仔猪总成本	
未断乳仔猪总成本	

记账凭证

记字　　号			日期：		附单据　　张
摘要		科目名称		借方金额	贷方金额
	合计				

记账　　　　　审核　　　　　出纳　　　　　制单

图6－9

【小结】

1. 发生机械作业费等共同性费用

借：农业生产成本——机械作业费
　　贷：累计折旧

2. 期末分配计入受益对象

借：农业生产成本——××产品
　　贷：农业生产成本——机械作业费

3. 发生幼畜及育肥畜的饲养、人工及其他成本费用

借：农业生产成本——××群
　　贷：库存现金/银行存款/应付职工薪酬/累计折旧/农用材料等

4. 期末将幼畜及育肥畜按群众分别结转成本

借：幼畜及育肥畜——××群
　　贷：农业生产成本——××群

5. 出售成畜

借：银行存款
　　贷：主营业务收入
同时，
借：主营业务成本
　　贷：幼畜及育肥畜——××群

6. 出售副产品取得收入

借：库存现金/银行存款
　　贷：农业生产成本——××群

【巩固提升】

某奶牛养殖公司 2020 年 11 月初存栏仔牛和幼牛的价值共计 15 000 元，期末盘点存栏幼牛和仔牛头数，按固定价格共计 16 000 元，本期产奶 9 000 千克，已全部销售。本期支付各种费用共计 18 000 元，其中饲料费 9 500 元、工资 5 500 元、畜禽医疗费 3 000 元；本期母牛折旧费为 2 000 元；本期应分配负担的制造费用为 3 000 元；本期购入仔牛和幼牛共计 7 000 元；幼牛两头转为产畜，每头市场价格为 2 500 元、固定价格为 1 800 元；本期销售粪肥收入现金 700元。要求：根据上述资料，计算奶牛成本并进行会计处理。

子项目五　农业企业社会性收支核算

农业企业社会性
收支核算1

【知识储备】

一、社会性收入

社会性收入，是指企业取得的用于支付社会性支出的资金来源，主要包括：财政补助收入、规费收入、事业收入、福利费转入、其他收入等。

财政补助收入，是指财政部门根据核定的预算拨入的用于企业社会性支出的款项。

规费收入，是指企业承担社会管理服务职能按规定收取的用于企业社会性支出的款项。

事业收入，是指企业从事事业活动取得的用于企业社会性支出的款项。

福利费转入，是指企业从提取的福利费中结转用于企业社会性支出的款项。

其他收入，是指企业取得的除以上四项以外的其他用于社会性支出的款项，如无偿调入社会性固定资产、接受捐赠和社会性固定资产清理净收入等。

二、社会性支出

社会性支出，是指企业承担社会管理服务职能而发生的与企业生产经营活动无关的各项支出，主要包括公检法司、武装民兵训练、中小学教育、公共卫生防疫等各项支出。

社会性收入与社会性支出的差额在利润表中单独列示。

三、社会性收入的主要账务处理

（1）收到财政拨款时，按实际收到金额，借记"银行存款"科目，贷记"专项应付款"科目。

（2）企业购建的社会性固定资产在达到预定可使用状态时，按社会性固定资产购建过程中所使用的财政拨款金额，借记"专应付款"科目，贷记本科目（财政补助收入）。

（3）企业无偿调入或接受捐赠取得的社会性固定资产，按照社会性固定资产的初始入账价值，借记"社会性固定资产"科目，贷记本科目（其他收入）。

（4）使用财政拨款支付除社会性固定资产购建以外的其他社会性支出时，按实际发生额，借记"社会性支出"科目，贷记"现金""银行存款""应付工资"等科目；同时，借记"专项应付款"科目，贷记本科目（财政补助收入）。

（5）企业取得的规费收入，按规定收取的金额，借记"其他应收款""银行存款""现金"等科目，贷记本科目（规费收入）。

（6）企业取得的事业收入，按规定收取的金额，借记"其他应收款""银行存款""现金"等科目，贷记本科目（事业收入）。

（7）企业按规定将提取的福利费用于社会性支出时，按实际使用的福利费金额，借记"应付福利费"科目，贷记本科目（福利费转入）。

（8）企业收到其他收入时，按实际发生额，借记"现金""银行存款"等科目，贷记本科目（其他收入）。

期末，应将本科目的余额转入"本年利润"科目，结转后本科目应无余额。

四、社会性支出的主要账务处理

（1）企业购建的社会性固定资产在达到预定可使用状态时，按该项社会性固定资产的初始入账价值，借记本科目，贷记"社会性固定资产累计折旧"科目。

农业企业社会性
收支核算2

（2）使用财政拨款支付除社会性固定资产购建以外的其他社会性支出时，按实际发生额，借记本科目，贷记"现金""银行存款""应付工资"等科目；同时，借记"专项应付款"科目，贷记"社会性收入（财政补助收入）"科目。

（3）使用除财政拨款以外的其他资金发生社会性支出时，按实际发生额，借记本科目，贷记"现金""银行存款""应付工资"等科目。

期末，应将本科目的余额转入"本年利润"科目，结转后本科目应无余额。

【做中学，学中做】

某农场在2020年发生的经济业务如下。

（1）农场出售小麦 800 千克，每千克单价为 1.50 元，小麦的成本为每千克 0.90 元，款项已存入银行。

（2）农场收获玉米3 00 千克，入库留作种子自用，每千克市场价格为0.92 元，成本为0.50 元。

（3）农场将一批成龄的自繁牛转为耕牛，市价为60 00 元，成本为40 00 元。

（4）农场代购代销，收取手续费现金300 元。

要求：分别核算农场本期的各项收入和成本费用。

任务1　社会收入核算

（1）确认销售小麦的收入（图6－10）。

记账凭证

记字　号　　日期：　　附单据　张

摘要	科目名称	借方金额	贷方金额
合计			

记账　审核　出纳　制单

图6－10

（2）留作自用的玉米视同销售，确认收入（图6－11）。

记账凭证

记字　号　　日期：　　附单据　张

摘要	科目名称	借方金额	贷方金额
合计			

记账　审核　出纳　制单

图6－11

（3）自繁牛转为耕牛视同销售，确认收入（图6－12）。

记账凭证

记字　号　　日期：　　附单据　张

摘要	科目名称	借方金额	贷方金额
合计			

记账　审核　出纳　制单

图6－12

（4）确认代购代销手续费收入（图6-13）。

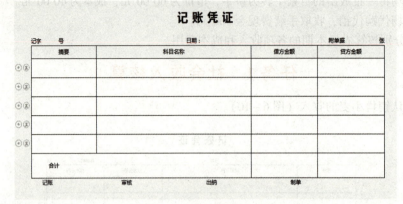

图6-13

任务2　社会成本核算

（1）结转销售小麦的成本（图6-14）。

图6-14

（2）结转留作自用的玉米成本（图6-15）。

图6-15

（3）结转自繁牛转为耕牛的成本。
①采用分群核算（图6-16）。

图6-16

②采用混群核算（6-17）。

图6-17

【小结】略。

【巩固提升】

1. 西北农场在2020年8月收到财政拨入的中小学经费400 000元，并用财政拨款发放中学3月份职工工资60 000元。要求：编制相应的会计分录。

2. 西北农场5月用财政拨款为小学购买计算机10台，价值为50 000元，已安装完毕，交付使用。要求：编制相应的会计分录。

3. 西北农场用财政拨款发放小学5月份职工工资40 000元。要求：编制相应的会计分录。

项目七

物流企业会计核算

【知识目标】

- 认识物流企业的经营活动；
- 了解物流企业的主要经营业务及其核算特点；
- 熟悉物流企业的主要经营过程；
- 掌握公路运输企业成本费用归集和分配的业务核算；
- 掌握包装、仓储、装卸、配送等物流收入和成本费用的核算。

【能力目标】

- 具备处理物流企业典型经济业务核算的能力；
- 能辨别物流企业各个阶段成本核算方法的不同。

【素质目标】

- 培养良好的政治素养，树立正确的人生观和世界观；
- 具备较强的社会适应能力和人际沟通能力，养成认真、细致、严谨的工作作风和敬业精神；
- 养成遵纪守法、廉洁自律的品格，加强职业道德意识，全面提升自身素质。

【思政目标】

- 通过专业知识学习引发对国家前途命运的关心关注，增强文化自信、民族自豪感和爱国主义情怀。

最美邮差其美多吉

【行业认知】

在市场经济条件下，社会生产总过程是由生产、分配、交换和消费四个基本环节构成的。马克思说，生产表现为起点，消费表现为终点，分配和交换表现为中间环节。商品的流通是连续的交换，或者是从总体上的交换。物流企业作为专门从事物流活动的经济实体，从全社会看，其基本职能是以商品的买者和卖者的双重身份交替出现在市场中，按照供求状况来完成物质的交换，解决生产与消费之间在数量、质量、时间和空间上的矛盾，实现生产和消费的供求结合，保证社会再生产的良性循环。

子项目一　运输环节的核算

【知识储备】

物流企业的会计
核算运输企业核算

随着网上购物的普及，物流业已深刻地影响了人们的日常生活。事实上，物流业是一个涵盖范围很广的产业，并不仅局限于人们日常所理解的快递业。在经济全球化，尤其是信息技术快速发展的带动下，物流业目前已成为全球经济发展的一个重要热点和新的经济增长点，它对于实现经济高效运行，提高企业生产效率，降低商品流通成本，进而增强工商企业和国家经济核心竞争力，调整国家和地区投资环境及产业结构，推动经济增长方式的根本性转变等都有着非常重要的影响。

运输是指用特定的设备和工具，将物品从一个地点向另一个地点运送的物流活动，它是在不同地域范围内，以改变物的空间位置为目的对物进行的空间位移。通过这种位移创造商品的空间效益，实现其使用价值，满足社会的不同需要。运输是物流的中心环节之一，也是现代物流活动最重要的功能。

一、运输企业的类型

运输企业的类型包括公路运输企业、水路运输企业、铁路运输企业、航空运输企业和管道运输企业。

（一）公路运输企业

公路运输企业是指使用汽车和其他运输工具运送旅客和货物的企业，也称为汽车运输企业。它具有机动灵活、直达、快速、方便、货损货差少、覆盖面广、流动分散、服务对象多、运输条件经常发生变化等特点，比较适用于短途货物集散和高档工业品及鲜活货物的运输。

（二）水路运输企业

水路运输企业是指利用船舶、排筏和其他浮运工具，在江河、湖泊、水库、人工水道和海上运送旅客和货物的企业。它具有运量大、运距长、占地少、耗能少、投资少、成本低等特点，比较适用于大宗、长途货物和超重、超长、超高、超大件货物的运输。

（三）铁路运输企业

铁路运输企业是以铁路、通信设施、车站（包括直接为运输服务的各生产段）机车车辆互相配套形成输送能力的企业。它具有安全程度高、运输速度快、运输距离长、运输能力大、运输成本低、污染小、潜能大、不受天气条件影响的特点。现行的铁路货物运输种类分为整车、零担、集装箱三种。整车适于运输大宗货物；零担适于运输小批量的零星货物；集装箱适于运输精密、贵重、易损的货物。

（四）航空运输企业

航空运输企业是指使用飞机（或其他飞行器）运送人员、物资和邮件的企业。但是，它受政府的管制较大，属于国家控制的企业。航空运输的成本高，投资较大，比较适用于时间要求高、价值大、体积小的物品运输。

（五）管道运输企业

管道运输企业是指通过大型钢管、泵站和加压设备等组成的运输系统完成运输工作的企业。管道运输运量大（输油管道可以连续运行）；建设投资相对较小，占地面积少，受地理条件限制少；基本不受气候影响，可以长期稳定运行；设备运行比较简单，易于就地自动化和进行集中遥控；沿线不产生噪声，有利于环境保护；漏失污染少。它适用于陆上油、气的运输。

二、运输企业的核算方法

运输企业是特殊的产业部门，在整个国民经济中起着纽带作用。运输企业的基本职能是从事旅客的运送与货物的运输及其装卸，具有鲜明的行业特征：一是生产经营活动的成果表现为一种效用，而不是一种实物产品；二是作为劳动对象的被运输或被装卸物无须承运的企业垫付资金；三是生产和消费具有同时性，并不像其他生产行业那样只有生产者完成了产品的生产过程后，消费者才能开始对这一产品的消费；四是对于同一货物从生产地到消费地的运输往往需要通过不同的运输方式，由各种类型的运输或装卸企业来联合完成，从而形成复杂的结算关系；五是生产经营受自然条件的影响大。

由于以上生产经营的特殊性，运输企业在资金的分布及其构成、资金的周转过程、成本费用的组成及其收入、成本的计算程序、结算的程序与内外结算关系等方面存在鲜明的特点。

（1）不需要进行在产品和产成品的核算。

运输企业的产品是旅客和货物的位移，只是人和物场所的变动，不具有实物形态，即其生产过程和销售过程合并在一起，其生产的完成就是销售的完成。因此，不需要进行在产品和产成品的核算。

（2）存货和运营成本的核算较为特殊。

一是运输企业运营时消耗的燃料、轮胎较多，其存货核算的重点就是燃料、轮胎，它们并不构成成品的实体，其领用、摊提的核算有独特的方法，对运营成本的影响较大，这与工商企业的存货核算是不同的。

二是运输企业的成本计算对象和计量单位不同于其他企业，即要以车船等交通设备的班次、航次等作为成本计算对象。同时旅客和货物的位移不仅与数量有关，还与距离有关，因此其运营成本是以运数、运距等复合单位来计量的。

（3）运营收入的结算和核算较为复杂。

运输企业的生产经营活动具有点多、线长、流动、分散的特点，而且作业环节多而复杂，管理和核算单位多，导致其结算较为复杂；收入的种类多种多样，其运营收入往往需要通过设立在各个特定地点的车站、港口进行计费、收款，且各种运输方式的运价、费率、收款方式、清算办法等又各不相同，所以其收入的结算和核算较为复杂。

【做中学，学中做】

任务1　运输环节收入的核算

（1）通达物流公司车场本日银行返回的收款通知单显示，共取得含税货运收入 50 000 元，全部款项已存入银行。运输业务增值税率为 11%（图 7 - 1）。

图 7 - 1

（2）通达物流公司本月为新达公司代办货运业务，货运收入共 100 000 元，手续费率为 5%，增值税率为 6%，余款已汇付给新达公司（图 7 - 2）。

图 7-2

任务 2　运输环节成本的核算

物流企业的成本
费用会计
业务核算

（1）通达物流公司为增值税一般纳税人，该公司共有两个车队和一个车辆保养场，根据本月工资结算单汇总的工资数据如下：一车队员工工资为 50 000 元，二车队员工工资为 70 000 元，车辆保养场人员工资为 15 000 元，车场管理人员工资为 20 000 元，公司行政管理部门人员工资为 25 000 元，后备司机和助手工资为 12 000 元。该月一车队营运货物 55 万吨公里，二车队营运货物 65 万吨公里。按工资总额的 14% 计提职工福利费。两个车队分摊后备司机和助手的工资。

①编制职工工资及福利费分配表（表 7-1）。

表 7-1　通达物流公司职工工资及福利费分配表

借方科目			成本或费用项目	工资费用/元	提取率/%	职工福利费/元
主营业务成本	运输支出	一车队	职工薪酬		14	
		二车队	职工薪酬		14	
		小计			14	
辅助营运费用		保养场			14	
营运间接费用					14	
管理费用					14	
合计						

②编制职工工资及福利费分录（图7-3）。

图7-3

（2）某物流公司对燃料费用核算采用实地盘存制。本月对车辆的燃料领用单进行汇总得到车队的柴油耗用数据如下：月初车存数为2 000升，本月领用数为60 000升，月末车存数为3 000升，柴油价格为6元/升（图7-4）。

图7-4

（3）通达物流公司与定点加油站结算本月上旬的加油费，开具的增值税专用发票显示不含税价款为60 000元，增值税率为16%，以转账支票支付了款项。根据加油明细记录，一车队的加油费为35 000元，二车队的加油费为24 000元，车场管理部门的加油费为200元，公司行政管理部门的加油费为800元。一车队报销运输加油费，取得的均为增值税普通发票，发票总金额为5 000元，以现金支付了款项（图7-5）。

记 账 凭 证

摘要	科目名称	借方金额	贷方金额
合计			

记字　号　　　　日期：　　　　　附单据　张
记账　　审核　　出纳　　制单

记 账 凭 证

摘要	科目名称	借方金额	贷方金额
合计			

记字　号　　　　日期：　　　　　附单据　张
记账　　审核　　出纳　　制单

图 7-5

（4）本月一车队报废货车外胎8个，二车队报废货车外胎10个。一车队报废外胎应补提摊销额600元，二车队报废外胎应补提摊销额800元。每个报废货车外胎处理价为10元，公司管理部门用小汽车报废外胎2个，每个处理价为5元，现金已收取（图7-6）。

记 账 凭 证

摘要	科目名称	借方金额	贷方金额
合计			

记字　号　　　　日期：　　　　　附单据　张
记账　　审核　　出纳　　制单

图 7-6

记账凭证

记字　号		日期：		附单据　　张
摘要	科目名称	借方金额	贷方金额	
合计				
记账　　　　审核　　　　出纳　　　　制单				

图 7 - 6（续）

【小结】

1. 核算营运收入

1）收到运输收入

借：银行存款

　　贷：主营业务收入——货运收入

　　　　应交税费——应交增值税（销项）

2）运输企业之间相互为对方车辆办理货物运输业务所取得的运输收入

（1）取得货运代理业务收入。

借：银行存款

　　贷：应付账款

（2）核算货运代理收入。

计算货运代理含税收入，计算货运代理不含税收入，计算应交增值税销项税额。

借：应付账款

　　贷：银行存款

　　　　主营业务收入——代理业务收入

　　　　应交税费——应交增值税（销项税额）

2. 核算运输成本

1）核算人工费用

工资和职工社会保险费、住房公积金的分配。

借：运输支出——客车——工资

　　　　　　　——货车——工资

　　辅助营运费用—— ×× 车间

　　营运间接费用—— ×× 车间——工资

　　　　　　　　—— ×× 车站——工资

　　　　　　　　—— ×× 车队——工资

　　管理费用

　　贷：应付职工薪酬

2）核算燃料费用

（1）燃料管理制度。

①车存燃料管理。

a. 满油箱制。

b. 盘存制。

②车耗燃料的管理：路单。

（2）燃料的核算。

满油箱制下设置"燃料"科目。

①购入（可按实际成本计价，也可按计划成本计价）。

a. 按实际成本计价。

借：燃料
　　贷：银行存款/库存现金

b. 按计划成本计价。

借：材料采购
　　贷：银行存款

借：燃料
　　贷：材料采购

借或贷：材料成本差异

②领用、发出。

a. 按计划成本发出。

借：运输支出——客车——燃料费
　　　　　　——货车——燃料费
　　辅助营运费用
　　营运间接费用
　　管理费用
　　贷：燃料

b. 结转发出燃料分配的成本差异。

借：运输支出——客车——燃料费
　　　　　　——货车——燃料费
　　辅助营运费用
　　营运间接费用
　　管理费用
　　贷：材料成本差异——燃料

（3）核算轮胎费用。

领用、发出时的核算有两种方法。

①一次摊销法。

a. 领用摊销。

借：运输支出——客车或货车——轮胎
　　管理费用
　　贷：轮胎

b. 报废时收回残料价值。

借：原材料
　　贷：管理费用
　　　　运输支出——客车或货车——轮胎
②按行驶公里预提法（营运车辆大多数用此法）。
a. 预提摊销。
借：运输支出——客车或货车——轮胎
　　贷：应付账款——预提轮胎费用
b. 补提摊销额（报废时实际行驶里程＜定额里程）。
借：运输支出——客车或货车——轮胎
　　贷：应付账款——预提轮胎费用
c. 报废：收回残料价值。
借：原材料
　　贷：运输支出——客（货）车——轮胎

【巩固提升】

1. 运输企业之间相互为对方车辆办理货物运输业务所取得的运输收入应计入（　　）科目。

A. "主营业务收入"　　　　　　　　B. "应收账款"

C. "应付账款"　　　　　　　　　　D. "银行存款"

2. 公路运输具有（　　）特点。（多选）

A. 机动灵活、直达、快速、方便　　B. 货损货差少

C. 覆盖面广、流动分散　　　　　　D. 服务对象多、运输条件经常发生变化

3. 2020年6月，修理车间总修理工时为200小时，其中客车修理耗用120小时，货车修理耗用80小时。

要求：分配辅助营运费用并做会计分录。

子项目二　包装环节的业务核算

包装环节的
业务核算

【知识储备】

随着物流业的发展，物流行业内部的分工日趋精细，除了前述专业从事运输业务的物流企业外，还出现了专业从事仓储、配送等物流业务或兼营多种物流业务的物流企业。

包装是指为了在流通过程中保护商品、方便运输、促进销售，按照一定的技术、方法而采用的容器、材料及辅助物等的总体名称，也指在为了达到上述目的而采用容器、材料和辅助物的过程中施加一定技术、方法等的操作活动。

在社会再生产过程中，包装处于生产过程的末尾和物流过程的开头，既是生产的终点，又是物流活动的起点。在物流过程中，包装具有保护商品、跟踪流转、便利运输、提高效率、促销商品的功能。包装环节的会计核算主要是对包装环节中发生的材料成本、人工费用、设计技术费用进行计算、归集和分配。

包装是生产的终点和物流的起点，其发生的耗费占流通总费用的10%，有的商品包装费用高达50%。因此，加强包装费用的管理与核算，可以降低物流成本，提高经济效益。

一、包装成本的种类

包装成本一般包括包装材料费用、包装机械费用、包装技术费用、包装辅助费用和相关的人工劳务费用。

二、包装业务的核算方法

（1）外购包装材料成本。

外购包装材料成本包括材料的买价和材料入库前发生的各种附带成本。

（2）发出包装材料计价。

发出包装材料计价一般采用全月一次加权平均法或分批实际进价法。

（3）发出包装材料核算。

发出包装材料通过"销售费用"账户核算。

【做中学，学中做】

任务1   包装过程中成本的核算

畅达物流公司为增值税一般纳税人，本月购进一批一次性使用的包装箱1 000只，不含税价款为1 000元，增值税为160元，另付运输费110元（含税），取得增值税专用发票，货款和运费均已转账付讫。本月为包装运输商品领用该批包装箱100只（图7-7）。

记 账 凭 证

摘要	科目名称	借方金额	贷方金额
合计			

记字　　号　　　　　　　日期：　　　　　　　　附单据　　张

记账　　　　审核　　　　出纳　　　　制单

记 账 凭 证

摘要	科目名称	借方金额	贷方金额
合计			

记字　　号　　　　　　　日期：　　　　　　　　附单据　　张

记账　　　　审核　　　　出纳　　　　制单

图7-7

任务 2　包装过程中折旧的核算

月末，畅达物流公司对本月公司使用的包装机械计提折旧，包装机械原值为 200 000 元，净残值率为 4%，使用年限为 10 年（图 7 – 8）。

记账凭证

摘要	科目名称	借方金额	贷方金额
合计			

记字　　号　　　　　　　日期：　　　　　　　　　　　附单据　　　张

记账　　　　审核　　　　出纳　　　　制单

图 7 – 8

【小结】

1. 购进包装箱的核算

借：原材料——包装箱
　　　应交税费——应交增值税（进项税额）
　　　贷：银行存款

2. 本月领用包装箱的核算

借：销售费用——包装费
　　　贷：原材料——包装箱

3. 包装过程中折旧费用的核算

借：销售费用——包装费
　　　贷：累计折旧

【巩固提升】

1. 购进的包装箱应该计入（　　）账户。
A. "原材料"　　　　　B. "低值易耗品"　　　C. "周转材料"　　　　　D. "固定资产"
2. 本月领用的包装箱应计入（　　）账户的借方。
A. "销售费用"　　　　B. "管理费用"　　　　C. "周转材料"　　　　　D. "原材料"
3. 外购的包装材料成本包括材料的买价和材料入库前发生的各种附带成本。（　　）
A. 对　　　　　　　　B. 错

子项目三　装卸环节的业务核算

【知识储备】

装卸是物品在指定地点以人力或机械装入运输设备或卸下的活动。搬运是指在同一场所，以对物品进行水平移动为主的物流作业。在实际操作中，装卸和搬运是密不可分的，两者是伴随在一起发生的。在物流过程中，装卸活动是不断出现和反复进行的，它出现的频率高于其他各项物流活动，每次装卸活动都要花费很长时间，所以它往往成为决定物流速度的关键。装卸活动所消耗的人力也很多，所以装卸费用在物流成本中所占的比重也较高。以我国为例，铁路运输的始发和到达的装卸作业费用大致占运费的 20% 左右，对于船运在 40% 左右。因此，为了减少物流费用，装卸是重要的考虑因素。装卸搬运是一种附属性、伴生性的活动，它对整个物流活动具有支持性和保障性的作用。

【做中学，学中做】

任务1 装卸人工成本的核算

畅达物流公司下设装卸队承担该公司的装卸作业，本月分配装卸作业人员工资 40 000 元（图 7 - 9）。

图 7 - 9

任务2 装卸成本直接材料的核算

（1）畅达物流公司自建柴油库，实行满油箱制，装卸队本月从柴油库领用装卸作业用的柴油 25 000 升，每升柴油价格为 6 元（图 7 - 10）。

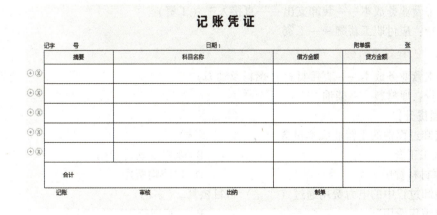

图 7 - 10

（2）畅达物流公司本月耗用电费不含税价为 100 000 元，增值税为 16 000 元，其中包装业务应承担5%，装卸队应承担10%，仓储部门应承担35%，配送部门应承担50%，物流货场管理部门应承担3%，行政管理部门应承担2%（图7－11）。

记 账 凭 证

| 记字　　号 | | 日期： | | 附单据　　张 | |
摘要	科目名称		借方金额	贷方金额
合计				
记账　　　　　审核　　　　　出纳　　　　　制单				

记 账 凭 证

| 记字　　号 | | 日期： | | 附单据　　张 | |
摘要	科目名称		借方金额	贷方金额
合计				
记账　　　　　审核　　　　　出纳　　　　　制单				

图 7－11

【小结】

1. 装卸人工成本的核算

借：主营业务成本——装卸支出——直接人工（工资）
　　贷：应付职工薪酬——工资

2. 直接燃料费用的核算

借：主营业务成本——直接材料（燃料及动力）
　　贷：原材料——柴油

【巩固提升】

1. 装卸过程中的主营业成本包含（　　　）。（多选）

A. 人工工资　　　　　　　　　　　　B. 燃料及动力费用

C. 原材料费用　　　　　　　　　　　D. 包装物费用

2. 装卸过程中的电力费用通过（　　　）科目核算。（多选）

A. "销售费用"　　　　　　　　　　　B. "管理费用"

C. "主营业务成本"　　　　　　　　　D. "应交税费"

3. 杭州顺丰物流公司设有专门的装卸部，在2020年10月发生如下经济业务。

（1）装卸工及装卸设备操作工当月工资为 12 000 元，装卸设备维修人员当月工资为 3 600 元，装卸部管理人员工资为 5 000 元。

（2）2020 年 10 月共领用燃油（计划成本）16 000 元，其中装卸设备耗用 12 000 元，装卸部管理用车耗用 4 000 元。

要求：编制相关会计分录。

子项目四　仓储环节的业务核算

【知识储备】

仓储是指保护、管理、储藏物品的物流活动。仓储是包含库存和储备在内的一种广泛的经济现象，也是一切社会形态都存在的经济现象。在任何社会形态中，对于不论什么原因形成停滞的物资，也不论什么种类的物资，在生产加工、消费、运输等活动之前，或在这些活动结束之后，总是要存放起来，这就是仓储。与运输概念相对应，仓储是以改变物的时间状态为目的的活动，通过克服产需的时间差异获得更好的效用和效益。

仓储是物流活动的另一重要环节，它具有物资保护、调节供需、调配运能、实现配送、节约物资等功能。对仓储环节的会计核算包括仓储收入的确认和计量、仓储成本和费用的汇集和结转、仓储物资损耗的处理与分摊，以及仓储业务利润的计算。

【做中学，学中做】

任务 1　堆存直接费用的核算

（1）畅达物流公司拥有一间普通货物仓库、一个恒温仓库和一个露天货场，本月分配仓储作业人员工资 60 000 元，其中普通货物仓库员工工资 12 000 元、恒温仓库员工工资为 23 000 元、露天货场员工为 25 000 元（图 7 - 12）。

记账凭证

记字　号		日期：		附单据　张
摘要	科目名称		借方金额	贷方金额
合计				

记账　　　　　审核　　　　　出纳　　　　　制单

图 7 - 12

（2）畅达物流公司本月对普通仓库的房屋及设备计提固定资产折旧 30 000 元，对冷藏仓库的房屋及设备计提固定资产折旧 50 000 元（图 7 - 13）。

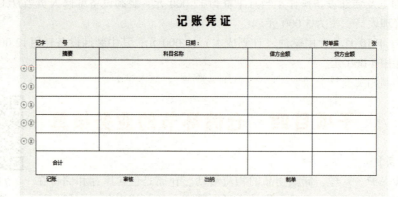

图 7 – 13

任务 2　堆存间接费用的核算

畅达物流公司本月"营运间接费用——仓储部"账户余额为 60 000 元，该公司普通仓库、冷藏仓库、露天货场三个存货仓库发生的直接堆存成本分别为 60 000 元、100 000 元和 90 000 元，本月发生的装卸直接费用为 50 000 元。分配本月的营运间接费用（图 7 – 14）。

图 7 – 14

【小结】

1. 堆存人工费用的核算

借：主营业务成本——堆存支出——普通仓库——人工费

　　　　　　　　　　　——恒温仓库——人工费

　　　　　　　　　　　——露天货场——人工费

　　贷：应付职工薪酬——工资

2. 折旧费用的核算

借：主营业务成本——堆存支出——普通仓库——其他费用

　　　　　　　　　　　——恒温仓库——其他费用

　　　　　　　　　　　——露天货场——其他费用

　　　应交税费——应交增值税（进项税额）

　　贷：银行存款

3. 堆存间接费用的核算

借：主营业务成本——堆存支出——普通仓库——营运间接费用

　　　　　　　　　　　　——恒温仓库——营运间接费用

　　　　　　　　　　　　——露天货场——营运间接费用

　　　　　　　　　　——装卸支出——营运间接费用

　　　贷：营运间接费用——仓储部

【巩固提升】

蓝天物流有限公司是一家物流企业，同时开展一些仓储业务。该公司拥有一个普通的货物仓库、一个冷藏库和一个露天货场。2020 年 6 月，该公司产生以下费用，请进行相应账务处理。

（1）本月仓储作业人员工资合计 9 600 元，其中普通货物仓库员工工资 3 000 元、冷藏库员工工资 5 000 元、露天货场员工工资 1 600 元。

（2）本月对普通仓库的房屋及设备计提固定资产折旧 23 000 元，对冷藏库的房屋结构设备计提固定资产折旧 15 000 元。

（3）蓝天物流有限公司的保安工作由外聘的保安服务公司完成，3 个存货点在同一个大院内，共支出保安费用 18 000 元，月末按照 3 个存货点进行平均分配。

要求：编制相关会计分录。

子项目五　配送环节的业务核算

【知识储备】

配送是指物流企业按照用户订单或配送协议进行配货，通过科学统筹规划，选择经济合理的运输路线与运输方式，在用户指定的时间内，将符合要求的货物送达指定地点的一种方式。配送是物流中一种特殊的、综合的活动形式，是商流与物流的紧密结合，包含了商流活动和物流活动，也包含了物流中的若干功能要素。

从物流来讲，配送几乎包括了所有物流功能要素，是物流的一个缩影或在某小范围中物流全部活动的体现。一般的配送集装卸、包装、保管、运输于一身，通过这一系列活动完成将货物送达的目的。特殊的配送则还以加工活动为支撑，包括的方面更广泛。

配送环节会计核算的内容主要包括：配送营业收入的核算；配送过程中运输费用、分拣费用、配装费用、加工费用的归集、分配和结转；配送环节营业利润的核算。核算配送营业收入这一部分内容和前面运输环节的过程一致，在这里不再赘述。

（1）配送成本的核算。配送成本 = 配送运输成本 + 分拣成本 + 配装成本 + 流通加工成本

（2）运输成本的核算。物流企业配送货物所发生的运输成本计入"主营业务成本——配送支出——运输费用"账户。

物流配送企业月末应编制配送运输成本计算表。

各成本计算对象计算的成本降低率是反映配送运输成本降低程度的一项指标。

【做中学，学中做】

任务　配送运输成本的核算

通达物流公司外接一项加工增值业务，需对一批水果进行贴标签和分包处理，其工艺过程

为单步骤流水线加工，原材料一次投入。月初在产品直接材料费为1 500元，人工费为2 000元，制造费用为500元。本月发生的材料费为10 000元，人工费为12 000元，制造费用为4 000元，本月完工10 000千克，月末在产品2 000千克，月末在产品完工程度为50%，采用约当产量法分配完工产品和月末在产品的加工成本。该公司流通加工成本计算表见表7-2。

表7-2　通达物流公司本月流通加工成本计算表

成本项目	月初在产品/元	本月费用/元	成本费用合计/元	完工产品数量/千克	在产品数量/千克	分配率/%	完工产品加工成本/元	月末在产品加工成本/元
直接材料费	1 500	10 000	11 500	10 000	2 000			
直接人工费	2 000	12 000	14 000	10 000	2 000			
制造费用	500	4 000	4 500	10 000	2 000			
合计	4 000	26 000	30 000	—				

【小结】

1. 分拣成本的核算

分拣成本是指分拣机械及人工在完成货物分拣过程中所发生的各项费用。

分拣直接费用包括人工费用、修理费用、折旧费和其他费用等项目。

在费用发生时，直接根据有关业务凭证计入"主营业务成本——配送支出——分拣费用"账户。

2. 配装成本的核算

配装成本是指在配装货物的过程中所发生的各项费用。

配装成本具体包括配装直接费用和配装间接费用。

配装直接费用包括人工费用、材料费用和其他费用。在费用发生时，直接计入"主营业务成本——配送支出——配装费用"账户。

配装间接费用发生时先计入配装的营运间接费用，期末再按一定的标准分摊计入各成本核算对象。

3. 流通加工成本的核算

流通加工成本是按客户要求在配送加工过程中所发生的各项费用，具体包括直接材料费、直接人工费和制造费用。

配送过程中发生的流通加工费用计入"主营业务成本——配送支出——加工费用"账户。

【巩固提升】

1. 流通加工成本是按客户要求在配送加工过程中所发生的各项费用。（　　）

A. 对　　　　　　　　　　B. 错

2. 配送过程中发生的流通加工费用计入"主营业务成本——配送支出——加工费用"账户。（　　）

A. 对　　　　　　　　　　B. 错

3. 配装直接费用包括人工费用、材料费用和其他费用，在费用发生时，直接计入"主营业务成本——配送支出——配装费用"账户。（　　）

A. 对　　　　　　　　　　B. 错

项目八

政府会计核算

政府会计核算介绍

【知识目标】

- 了解政府会计核算模式；
- 掌握国库集中支付业务的核算；
- 掌握非财政拨款收支业务的核算；
- 掌握预算结转结余业务；
- 掌握净资产、资产负债业务。

【能力目标】

- 能正确使用行政事业单位会计科目；
- 能正确应用政府会计制度进行各项业务的会计核算。

【素质目标】

- 完善会计课程的学习，全面提高业务素质；
- 具有敬业精神、团队合作能力和良好的职业素养；
- 树立"为人民服务"的意识。

【思政目标】

- 认同社会主义核心价值观，激发对百姓民生、社会福祉的关注和热情；
- 培养履行社会责任的使命感和人生志向；
- 思考我国政府会计制度为何最能体现人民基本利益和福利。

【行业认知】

在全球经济一体化发展的背景下，我国不断改革公共财政体制、转变政府结构与职能、变化政府收支分类科目、改进政府机构绩效评价制度、加强政府监督，推动了我国政府会计体制的革新。自 2019 年 1 月 1 日起，各级政府、各部门、各事业单位正式实施新的政府会计制度。政府会计由预算会计和财务会计构成，实行"双功能、双基础、双报告"的核算模式，在这种核算模式下，政府单位应当对预算会计和财务会计进行平行记账。平行记账的基本规则是"单位对于纳入部门预算管理的现金收支业务，在采用财务会计核算的同时应当进行预算会计核算；对于其他业务，仅需进行财务会计核算"。因此，只有真正理解政府会计的核算模式，才能学好政府会计。新政府会计制度的颁布和实施，是财政部全面深化财税体制改革的重要举措，对提高行政事业单位会计质量、提升财务和预算管理水平、建立完善内部制度体系等具有重要支撑作用。

子项目一　国库集中收付业务

国库集中
支付业务1

【知识储备】

国库集中收付业务是指以国库单一账户体系为基础，将所有财政性资金都纳入国库单一账户体系管理，收入直接缴入国库和财政专户，支出通过国库单一账户体系支付到商品和劳务供应者或用款单位的一项国库管理制度。

实行国库集中支付的单位，其财政资金的支付方式分为财政直接支付和财政授权支付两种。

财政直接支付的流程是单位提出支付申请，经由财政国库支付执行机构审核无误后向代理银行发出支付令并通知中国人民银行国库部门通过代理银行实时清算，财政资金从国库单一账户划拨到收款人的银行账户。在这种支付方式下，单位提出支付申请，由财政部门发出支付令，再由代理银行经办资金支付。

财政授权支付的流程是单位向财政国库支付执行机构申请授权支付的月度用款额度，财政国库支付执行机构将批准后的限额通知代理银行和单位并通知中国人民银行国库部门。在这种支付方式下，单位申请到的是用款限额，而不是存入单位账户的实有资金，单位可以在用款限额内自行开具支付令，再由代理银行向收款人付款。

单位核算国库集中支付业务，应当在进行预算会计核算的同时进行财务会计核算，财务会计要设置"财政拨款收入""零余额账户用款额度""财政应返还额度"等科目；预算会计要设置"财政拨款预算收入""资金结存——零余额账户用款额度""资金结存——财政应返还额度"科目。

任务1　财政直接支付业务的账务处理

国库集中
支付业务2

【做中学，学中做】

2020年11月9日，某事业单位根据经过批准过的部门预算和用款计划，向同级财政部门申请支付第三季度水费112 000元。11月18日，财政部门经审核后，以财政直接支付方式向自来水公司支付了该单位的水费112 000元。11月23日，该事业单位收到了"财政直接支付入账通知书"（图8-1）。

记账凭证

记字　　号		日期：		附单据　　张
摘要	科目名称		借方金额	贷方金额
合计				
记账	审核	出纳	制单	

图8-1

2020 年 12 月 31 日，某行政单位财政直接支付指标数与当年财政直接支付实际支出数之间的差额为 100 000 元。2021 年初，财政部门恢复了该单位的财政直接支付额度。2021 年 1 月 15 日，该单位以财政直接支付方式购买一批办公用物资，属于上一年预算指标数，支付给供应商 50 000 元价款（图 8 - 2）。

图 8 - 2

任务 2　财政授权支付业务的账务处理

2020 年 3 月，某科研所根据经过批准的部门预算和用款计划，向同级财政部门申请财政授权支付用款额度 180 000 元。4 月 6 日，财政部门经审核后，以财政授权支付方式下达了 170 000 元用款额度。4 月 8 日，该科研所收到代理银行转来的"授权支付到账通知书"（图 8 - 3）。

国库集中
支付业务 3

图 8 - 3

【小结】

1. 财政直接支付方式

（1）以财政直接支付方式支出，事业单位收到"财政直接支付入账通知书"。

①财务会计。

借：库存物品、固定资产、应付职工薪酬、业务活动费用、单位管理费用

　　贷：财政拨款收入

②预算会计。

借：事业支出、行政支出

贷：财政拨款预算收入

（2）年终依据本年度财政直接支付预算指标数与当年财政直接支付实际支出数的差额。

①财务会计。

借：财政应返还额度

　　贷：财政拨款收入

②预算会计。

借：资金结存——财政应返还额度

　　贷：财政拨款预算收入

（3）下年度恢复财政直接支付额度后，事业单位使用预算结余资金。

①财务会计。

借：库存物品、固定资产、应付职工薪酬、业务活动费用、单位管理费用

　　贷：财政应返还额度

②预算会计。

借：事业支出、行政支出

　　贷：资金结存——财政应返还额度

2. 财政授权支付方式

（1）收到"授权支付到账通知书"后，依据通知书所列数额。

①财务会计。

借：零余额账户用款额度

　　贷：财政拨款收入

②预算会计。

借：资金结存——零余额账户用款额度

　　贷：财政拨款预算收入

（2）支用额度。

①财务会计。

借：库存物品、固定资产、应付职工薪酬、业务活动费用、单位管理费用

　　贷：零余额账户用款额度

②预算会计。

借：行政支出、事业支出

　　贷：资金结存——零余额账户用款额度

（3）年终，事业单位依据代理银行提供的对账单注销额度。

①财务会计。

借：资金结存——财政应返还额度

　　贷：资金结存——零余额账户用款额度

②预算会计。

借：财政应返还额度

　　贷：零余额账户用款额度

（4）下年年初恢复额度时，事业单位依据代理银行提供的"额度恢复到账通知书"。

①财务会计。

借：零余额账户用款额度

　　　　贷：财政应返还额度

②预算会计。

　　借：资金结存——零余额账户用款额度

　　　　贷：资金结存——财政应返还额度

（5）如果事业单位本年度财政授权支付预算指标数大于零余额账户用款额度下达数，依据两者的差额（未下达的用款额度）。

①财务会计。

　　借：财政应返还额度

　　　　贷：财政拨款收入

②预算会计。

　　借：资金结存——财政应返还额度

　　　　贷：财政拨款预算收入

（6）如果下年度收到财政部门批复的上年未下达零余额账户用款额度。

①财务会计。

　　借：零余额账户用款额度

　　　　贷：财政应返还额度

②预算会计。

　　借：资金结存——零余额账户用款额度

　　　　贷：资金结存——财政应返还额度

【巩固提升】

1. 用于财政直接支付和与国库单一账户进行清算的账户是（　　）。

A. 国库单一账户　　　　　　　　　　B. 财政部门零余额账户

C. 特殊专户　　　　　　　　　　　　D. 预算单位零余额账户

2. 由财政部向中国人民银行和代理银行签发支付指令，代理银行根据支付指令通过国库单账户体系将资金直接支付到收款人或用款单位账户的方式称为（　　）。

A. 财政直接支付　　B. 财政授权支付　　C. 财政委托支付　　D. 财政集中支付

3. 下列各项中，在财政直接支付方式下，事业单位收到"财政直接支付入账通知书"时，财务会计核算应贷记的会计科目是（　　）。

A. "经营收入"　　　　　　　　　　B. "其他收入"

C. "事业收入"　　　　　　　　　　D. "财政拨款收入"

4. 2020 年 3 月 4 日，某事业单位以财政授权支付的方式支付印刷费 10 万元。财会部门根据有关凭证作出的下列账务处理中正确的是（　　）。

A. 借：业务活动费用　　　　　　　　　　　　　　　　　　　10

　　　　贷：资金结存　　　　　　　　　　　　　　　　　　　　　　10

同时，

借：事业支出　　　　　　　　　　　　　　　　　　　　　　10

　　　　贷：资金结存——零余额账户用款额度　　　　　　　　　　10

B. 借：业务活动费用　　　　　　　　　　　　　　　　　　　10

　　　　贷：货币资金　　　　　　　　　　　　　　　　　　　　　　10

同时，

借：事业支出　　　　　　　　　　　　　　　　　　　　　　10

   贷：资金结存——零余额账户用款额度   10

C. 借：业务活动费用   10

   贷：零余额账户用款额度   10

同时，

 借：事业支出   10

   贷：资金结存——零余额账户用款额度   10

D. 借：业务活动费用   10

   贷：资金结存——零余额账户用款额度   10

同时，

 借：事业支出   10

   贷：零余额账户用款额度   10

子项目二 非财政拨款收支业务

非财政拨款
收支业务 1

【知识储备】

  单位的收支业务除国库集中收付业务外，还包括事业活动、经营活动等形成的非财政拨款收支。这里主要以事业收入、捐赠收入为例进行说明。

  事业收入是指事业单位开展专业业务活动及其辅助活动实现的收入，不包括从同级政府财政部门取得的各类财政拨款。简言之，事业收入就是事业单位向他的服务对象所收取的收入，这部分收入并不是来自财政拨款，在财务会计上叫作事业收入，而在预算会计上叫作事业预算收入。

  捐赠收入指单位接受其他单位或者个人捐赠取得的收入，包括现金捐赠收入和非现金捐赠收入。在预算会计上把单位接受捐赠的现金资产叫作捐赠预算收入。

【做中学，学中做】

任务 1 事业收入的账务处理

  某事业单位部分事业收入采用财政专户返还的方式管理。2020 年 9 月 5 日，该事业单位收到应上缴财政专户的事业收入 5 000 000 元。9 月 15 日，该事业单位将上述款项上缴财政专户。10 月 15 日，该事业单位收到从财政专户返还的事业收入 5 000 000 元（图 8 – 4）。

图 8 – 4

任务 2　捐赠收入的账务处理

2020 年 3 月 12 日，某事业单位接受甲公司捐赠的一批实验材料，甲公司所提供的凭据表明其价值为 100 000 元，该事业单位以银行存款支付运输费 1 000 元（图 8 - 5）。假设不考虑相关税费。

非财政拨款
收支业务 3

记 账 凭 证

记字　　号		日期：		附单据　　张
摘要	科目名称	借方金额	贷方金额	
⊕Ⅰ				
⊕Ⅱ				
⊕Ⅲ				
⊕Ⅳ				
⊕Ⅴ				
合计				
记账　　审核　　出纳　　制单				

图 8 - 5

【小结】

（1）收到（应上缴财政专户的）事业收入。

借：银行存款

　　贷：应缴财政款

（2）向财政专户上缴款项。

借：应缴财政款

　　贷：银行存款

（3）收到从财政专户返还的事业收入。

①财务会计。

借：银行存款

　　贷：事业收入

②预算会计。

借：资金结存——货币资金

　　贷：事业预算收入

【巩固提升】

1. 下列各项中，关于单位的收入的说法不正确的是（　　）。

A. 财务会计中，单位的收入包括财政拨款收入、事业收入、上级补助收入、附属单位上缴收入、经营收入、非同级财政拨款收入、投资收益、捐赠收入等

B. 预算会计中，单位的预算收入包括财政拨款预算收入、事业预算收入、上级补助预算收入等

C. 事业收入是指事业单位开展专业业务活动及其辅助活动实现的收入，包括从同级政府财政部门取得的各类财政拨款

D. 事业单位对于开展专业业务活动及其辅助活动所取得的非同级财政拨款收入，应当通过"事业（预算）收入——非同级财政拨款"科目核算

2. 事业单位对于开展专业业务活动及其辅助活动所取得的非同级财政拨款收入，应当通

过"非同级财政拨款收入"科目核算。（　　）

    A. 正确　　　　　　　　B. 错误

子项目三　预算结转结余业务

【知识储备】

单位在预算会计中应当严格区分财政拨款结转结余和非财政拨款结转结余。财政拨款结转结余不参与事业单位的结余分配，单独设置"财政拨款结转"和"财政拨款结余"科目核算。非财政拨款结转结余通过设置"非财政拨款结转""非财政拨款结余""专用结余""经营结余""非财政拨款结余分配"等科目核算。

【做中学，学中做】

任务1　财政拨款结转结余的核算

预算结转
结余业务1

2020年6月，财政部门拨付某事业单位基本支出补助4 000 000元、项目补助1 000 000元；"事业支出"科目下"财政拨款支出（基本支出）""财政拨款支出（项目支出）"明细科目的当期发生额分别为4 000 000元和800 000元（图8-6）。

记账凭证

	摘要	科目名称	借方金额	贷方金额
⊕⊗				
⊕⊗				
⊕⊗				
⊕⊗				
⊕⊗				
	合计			

记字　号　　　　　　　日期：　　　　　　　附单据　张

记账　　　　审核　　　　出纳　　　　制单

图8-6

承接以上内容，2020年年末，该事业单位完成财政拨款收支结转后，对财政拨款各明细项目进行分析，按照有关规定将某项目结余资金45 000元转入财政拨款结余（图8-7）。

记账凭证

	摘要	科目名称	借方金额	贷方金额
⊕⊗				
⊕⊗				
⊕⊗				
⊕⊗				
	合计			

记字　号　　　　　　　日期：　　　　　　　附单据　张

记账　　　　审核　　　　出纳　　　　制单

图8-7

任务 2　非财政拨款结转结余的核算

预算结转
结余业务 2

2020 年 1 月，某事业单位启动一项科研项目。当年收到上级主管部门拨付的非财政专项资金 5 000 000 元，为该项目发生事业支出 4 800 000 元。2020 年 12 月，项目结项，经上级主管部门批准，该项目的结余资金留归该事业单位使用（图 8 - 8）。

记账凭证

记字　　号		日期：		附单据　　张
摘要	科目名称		借方金额	贷方金额
⊕⊗				
⊕⊗				
⊕⊗				
⊕⊗				
⊕⊗				
合计				
记账　　　　审核　　　　出纳　　　　　　制单				

图 8 - 8

【小结】

1. 财政拨款结转结余的核算

（1）结转财政拨款收入。

借：财政拨款预算收入

　　贷：财政拨款结转

（2）结转财政拨款支出。

借：财政拨款结转

　　贷：事业支出

（3）将项目结余资金转入财政拨款结余。

借：财政拨款结转

　　贷：财政拨款结余

2. 非财政拨款结转结余的核算

（1）收到上级主管部门拨付的款项。

①财务会计。

借：银行存款

　　贷：上级补助收入

②预算会计。

借：资金结存——货币资金

　　贷：上级补助预算收入

（2）发生业务活动费用（事业支出）。

①财务会计。

借：业务活动费用

  贷：银行存款

②预算会计。

借：事业支出——非财政专项资金支出

  贷：资金结存——货币资金

（3）年末结转上级补助预算收入。

借：上级补助预算收入

  贷：非财政拨款结转——本年收支结转

（4）年末结转事业支出。

借：非财政拨款结转——本年收支结转

  贷：事业支出——非财政专项资金支出

（5）经批准确定结余资金留归本单位使用。

借：非财政拨款结转——累计结转

  贷：非财政拨款结余——结转转入

【巩固提升】

1. 下列各项中，事业单位预算会计按规定提取专用结余应借记的会计科目是（　　）。

A. "非财政拨款结余分配"　　　　　　　B. "财政拨款结转"

C. "非财政拨款结转"　　　　　　　　　D. "非财政拨款结余"

2. 在预算会计中，单位期末应将"事业预算收入"科目本期发生额中的专项资金收入结转计入的会计科目是（　　）。

A. "非财政拨款结转"　　　　　　　　　B. "经营结余"

C. "事业基金"　　　　　　　　　　　　D. "事业结余"

3. 下列各项中，关于非财政拨款结转结余的说法中不正确的是（　　）。

A. "其他结余"科目核算单位本年度除财政拨款收支、非同级财政专项资金收支和经营收支以外各项收支相抵后的余额

B. 非财政拨款结余是指单位历年滚存的非限定用途的非同级财政拨款结余资金

C. 专用结余是指事业单位按照规定从非财政拨款结余中提取的具有专门用途的资金

D. 年末，应将"经营结余"科目余额结转至"非财政拨款结余分配"科目

4. 科学事业单位按照规定从科研项目预算收入中提取项目管理费时，既要进行财务会计核算，又要进行预算会计核算。（　　）

A. 正确

B. 错误

5. 2020年年末，某事业单位完成财政拨款收支结转后，对财政拨款结转各明细项目进行分析后，按照有关规定将某项目结余资金65 000元转入财政拨款结余。下列会计处理中正确的是（　　）。

A. 借：财政拨款结转——累计结转   650 00

  贷：财政拨款结余——结转转入   650 00

B. 借：财政拨款结余——累计结转   650 00

  贷：财政拨款结转——结转转入   650 00

C. 借：非财政拨款结转——累计结转   650 00

  贷：非财政拨款结余——结转转入   650 00

D. 借：非财政拨款结余——累计结转　　　　　　　　　　　650 00
　　　贷：非财政拨款结转——结转转入　　　　　　　　　　　　650 00

6. 年末，事业单位应将"其他结余"科目余额和"经营结余"科目贷方余额转入（　　）科目。

A. "专用基金"　　　　　　　　　　B. "本年盈余分配"

C. "经营结余"　　　　　　　　　　D. "非财政拨款结余分配"

子项目四　净资产、资产及负债业务

净资产业务1

【知识储备】

净资产是指单位资产扣除负债后的净额。单位财务会计净资产的来源主要包括累计实现的盈余和无偿调拨的净资产。在日常核算中，单位应当在财务会计中设置"累计盈余""专用基金""无偿调拨净资产""权益法调整""本期盈余""本期盈余分配""以前年度盈余调整"等科目。

资产和负债业务也是政府单位会计核算的重要内容。本节主要以固定资产、应缴财政款和应付职工薪酬为例介绍资产和负债业务的核算。

【做中学，学中做】

任务1　净资产的核算

2020年5月5日，某行政单位接受其他部门无偿调入物资一批，该批物资在调出方的账面价值为20 000元，经验收合格后入库。物资调入过程中该单位以银行存款支付了运输费1 000元（图8–9）。假设不考虑相关税费。

记 账 凭 证

	记字　号		日期：			附单据　张
	摘要	科目名称		借方金额	贷方金额	
⊕Ⓧ						
⊕Ⓧ						
⊕Ⓧ						
⊕Ⓧ						
⊕Ⓧ						
	合计					
	记账	审核		出纳	制单	

图8–9

任务2　资产业务的核算

净资产业务2

2020年7月18日，某事业单位（为增值税一般纳税人）经批准购入一栋办公大楼，取得的增值税专用发票上注明的价款为8 000 000元。全部款项以银行存款支付（图8–10）。

记账凭证

记字 号		日期：		附单据 张
摘要	科目名称	借方金额	贷方金额	
合计				
记账 审核 出纳 制单				

图 8 – 10

承接以上内容，2020 年 8 月 31 日，某行政单位计提本月固定资产折旧 50 000 元（图 8 – 11）。

记账凭证

记字 号		日期：		附单据 张
摘要	科目名称	借方金额	贷方金额	
合计				
记账 审核 出纳 制单				

图 8 – 11

任务 3　负债业务的核算

2020 年 5 月，某事业单位为开展专业业务活动及其辅助活动人员发放基本工资 50 万元、津贴 30 万元、奖金 10 万元，按规定应代扣代缴个人所得税 3 万元，该事业单位以国库授权支付方式支付薪酬并上缴代扣的个人所得税（图 8 – 12）。

净资产业务 3

记账凭证

记字 号		日期：		附单据 张
摘要	科目名称	借方金额	贷方金额	
合计				
记账 审核 出纳 制单				

图 8 – 12

【小结】

（1）接受无偿调入物资一批。

借：库存物品

　　贷：无偿调拨净资产

（2）购入固定资产。

①财务会计。

借：固定资产

　　贷：银行存款

②预算会计。

借：事业支出

　　贷：资金结存——货币资金

（3）固定资产计提折旧。

借：业务活动

　　贷：固定资产累计折旧

（4）计算应付职工薪酬。

借：业务活动费用

　　贷：应付职工薪酬

（5）实际支付职工薪酬。

①财务会计。

借：应付职工薪酬

　　贷：零余额账户用款额度

②预算会计。

借：事业支出

　　贷：资金结存

（6）上缴代扣个人所得税。

借：其他应交税费

　　贷：零余额账户用款额度

借：事业支出

　　贷：资金结存

【巩固提升】

1. 下列各项中，事业单位通过"待处理财产损溢"科目核算的有（　　）。

A. 固定资产损毁
B. 固定资产对外捐赠

C. 固定资产置换换出
D. 固定资产盘盈

2. 以下固定资产中，事业单位不需要计提折旧的是（　　）。

A. 对以名义金额计量的固定资产
B. 文物和陈列品

C. 单独计价入账的土地
D. 办公楼

3. 某事业单位为增值税小规模纳税人，2017 年 10 月 9 日，该事业单位购入一台不需要安装的专用设备，用于本单位的专业业务活动，设备价款和增值税税款合计为 580 000 元（财政直接支付方式），假定不考虑其他因素，该事业单位购入固定资产的财务会计账务处理为（　　）。

A. 借：固定资产　　　　　　　　　　　　　　　　　　　　　580 000

　　　贷：财政拨款收入　　　　　　　　　　　　　　　　　　　　580 000

B. 借：事业支出 580 000

　　贷：资金结存 580 000

C. 借：固定资产 580 000

　　贷：财政拨款收入 580 000

借：事业支出 580 000

　　贷：财政拨款预算收入 580 000

D. 借：固定资产 580 000

　　贷：事业收入 580 000

4. 下列各项中，不属于事业单位净资产的是（　　）。

A. 累计盈余

B. 权益法调整

C. 以前年度盈余调整

D. 非财政拨款结余分配

5. 下列各项关于政府单位固定资产计提折旧的相关说法中不正确的是（　　）。

A. 所有固定资产均需计提折旧

B. 当月增加的固定资产，当月开始计提折旧

C. 当月减少的固定资产，当月不再计提折旧

D. 固定资产提足折旧后，无论能否继续使用，均不再计提折旧

6. 2020 年 5 月，某事业单位为开展专业业务活动及其辅助活动人员发放基本工资 500 000 元、绩效工资 300 000 元、奖金 100 000 元，按规定应代扣代缴个人所得税 30 000 元，该单位以国库授权支付方式支付薪酬并上缴代扣的个人所得税。财会部门根据有关凭证编制的下列财务会计分录中正确的有（　　）。

A. 计算应付职工薪酬。

借：业务活动费用 900 000

　　贷：应付职工薪酬 900 000

B. 代扣个人所得税。

借：应付职工薪酬——基本工资 300 00

　　贷：其他应交税费——应交个人所得税 300 00

C. 实际支付职工薪酬。

借：应付职工薪酬 870 000

　　贷：银行存款 870 000

D. 上缴代扣的个人所得税。

借：其他应交税费——应交个人所得税 300 00

　　贷：银行存款 300 00

项目九

电子商务会计核算

【知识目标】

- 了解电子商务的发展现状；
- 了解电子商务的商业模式；
- 熟悉电商法对电商会计的影响；
- 熟悉电商会计与传统会计的区别；
- 掌握电商会计的核算要点。

【能力目标】

- 能处理电商企业的核算；
- 能针对不同的电商平台进行合适的账务处理。

【素质目标】

- 培养应变能力；
- 具有敬业精神、团队合作能力和良好的职业素养。

【思政目标】

- 了解世情、国情、党情、民情，坚定"以人民为中心"的价值观；
- 学习践悟习近平全面依法治国新理念、新思想、新战略，牢固树立法治观念，培养诚实守信、开拓创新等职业素养。

【行业认知】

电商行业
介绍未剪辑

随着各类互联网购货平台的蓬勃发展，以及各大手机支付软件、社交软件的兴起，电子商务已然成为现代经济社会的热门产业，它改变了传统的交易方式，也改变了企业的金融环境。电商平台对消费市场的影响越来越大，电商平台的财务核算也显得越来越重要。电子商务不同于传统商务体制，电商会计的会计核算和账务处理与传统的财务会计有一定的区别，也有一定的联系，这种区别和联系使电商会计处理有一定的特殊性。

电子商务
行业认知

【知识储备】

一、电商法对电商会计的影响

从 20 世纪 90 年代中期我国电子商务起步期开始，我国电子商务已经发展了 20 多年。电商企业已经成为现代企业经营的一种发展趋势，它的出现给企业带来了新的发展机遇。伴随中国网购市场的高速发展，2018 年，我国颁布了《中华人民共和国电子商务法》（以下简称"电商法"），新颁布的电商法对电商会计产生了一定影响。

第十条：电子商务经营者应当依法办理市场主体登记。

第十一条：电子商务经营者应当依法履行纳税义务，并依法享受税收优惠。

第十二条：电子商务经营者从事经营活动，依法需要取得相关行政许可的，应当依法取得行政许可。

第十五条：电子商务经营者应当在其首页显著位置，持续公示营业执照信息、与其经营业务有关的行政许可信息。

第二十五条：有关主管部门依照法律、行政法规的规定要求电子商务经营者提供有关电子商务数据信息的，电子商务经营者应当提供。

第二十八条：电子商务平台经营者应当依照税收征收管理法律、行政法规的规定，向税务部门报送平台内经营者的身份信息和与纳税有关的信息。

第三十一条：电子商务平台经营者应当记录、保存平台上发布的商品和服务信息、交易信息，并确保信息的完整性、保密性、可用性。商品和服务信息、交易信息保存时间自交易完成之日起不少于三年。

从以上这几条法规可以得出一个结论：电商法颁布以后，个人靠一张身份证进行电商业务的日子一去不复返了，因为电商经营者除了需要办理营业执照，还需要依法纳税申报。税务局有权查询电商平台的交易数据，这样一来，电商会计就要登记好每笔交易记录，以免因为少缴税款而交罚款和滞纳金。

二、电商会计与传统会计的不同

（一）财务后台

电商企业的财务后台有很多种，淘宝、京东、拼多多都有自己的财务后台，后台记录每笔订单的详细数据，可以实现统计店铺的收入、支出、费用明细、对账、资金管理以及利润分析等功能。

（二）实时跟踪

在传统会计工作中，会计工作人员需要先进行凭证的处理，再将相关数据导入会计信息系统，不仅其工作效率低，还不能够保证信息的及时性。电商会计则不同，其进行无纸化输入，不仅能够及时记录企业发生的经济活动，还能够随时查阅。

（三）财务数据来源

电商企业大多数均通过第三方支付平台缴纳费用，电商会计可以通过查询第三方支付平台的支付信息，汇总所有收支数据。

三、天猫特殊的交易类型

天猫店铺的
特点1

（一）天猫年费

天猫年费即技术服务费年费。商家在天猫商城经营必须缴纳年费，年费金额以一级类目为参照，通常在年初从余额中通过相关支付协议扣减，当店铺达到协议销量时，该费用将给予返还。

（二）天猫店铺佣金

天猫店铺佣金是指软件服务费，也是天猫商家在店铺运营过程中需要根据订单销售额的一定比例缴纳的费用，其中订单的销售额不包含运费。简单来说，天猫商家在完成订单交易以后天猫都会根据订单的交易金额（没有邮费）乘以对应类目的服务费费率来收取天猫店铺佣金。在天猫，每笔交易是按类目扣除佣金的，各类目的佣金不一样，每笔交易的天猫扣点是 3%～5%。天猫店铺佣金是可以申请发票的，在天猫后台中的"账房"中可以索取发票。

（三）淘宝客佣金

只要从淘宝客推广专区获取商品代码，任何买家通过推广（链接、个人网站、博客或者在社区发的帖子）进入淘宝卖家店铺完成购买后，就可得到由卖家支付的佣金。这个佣金从卖家店铺所绑定的支付宝中直接扣除。比如淘宝客佣金的比例是 10%，店铺佣金的比例是 5%，若商品以 100 元的价格成交，那么实际总支出是 15 元佣金（10 元淘宝客佣金 + 5 元店铺佣金）。

（四）直通车、钻展、竞价排名

直通车是为专职淘宝和天猫卖家量身定制的，按点击付费的营销工具，为卖家实现商品的精准推广。钻展是淘宝网图片类广告位竞价投放平台，是为淘宝卖家提供的一种营销工具。钻展依靠图片创意吸引买家点击，获取巨大流量。竞价排名用于帮助推广的关键词在搜索引擎页面能够有靠前展示，从而提升卖家的订单量。直通车、钻展、竞价排名等的费用本质上是指为了保证卖家店铺流量的提升而产生的费用，都属于广告业务宣传费。

（五）天猫积分

天猫积分是天猫商城要求所有天猫商家在经营的过程中，按照商品销售单价以 0.5% 等倍数返给客户的积分（1 天猫积分 = 0.01 元）。客户可以在天猫商城中购物时使用积分，但不可以提现。例如客户在天猫商城购物消费 1 000 元，那么订单完成后卖家需要支付给客户 500 天猫积分，所以卖家实际收到 995 元，另外 5 元是支付给天猫平台购买积分然后支付给客户，天猫商家可以向天猫平台索取这部分购买积分的发票。有些客户在天猫商城中购买商品时会选择用自己账户中的天猫积分充抵部分货款，当交易完成时，一般会形成货币支付和积分支付两种途径。比如客户消费 1 000 元，其中以货币支付 990 元，另外支付 1 000 积分，那么商家实际会收到 1 000 元，990 元由客户支付，另外 10 元其实是由天猫平台支付的。

（六）节日折扣

国家税务总局"关于印发《增值税若干具体问题的规定》的通知"（国税发〔1993〕154号）规定："纳税人采取折扣方式销售货物，如果销售额和折扣额在同一张发票上分别注明，可按折扣后的销售额征收增值税。如果将折扣额另开发票，不论其在财务上如何处理，均不得从销售额中减除折扣额。"

子项目一 电子商务普通业务的账务处理

【做中学，学中做】

任务 1 天猫年费的账务处理

2020 年 1 月 2 日，丽人天猫女装旗舰店支付天猫平台使用费用 30 000 元，协议规定年销售额达到 600 000 元时该费用将返还（图 9 – 1）。

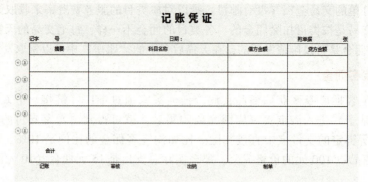

图 9 – 1

任务 2　天猫店铺佣金的账务处理

天猫店铺的
特点 2

2020 年 9 月 12 日，丽人天猫女装旗舰店卖出一套女装并于当日发货，交易价格为 1 050 元（其中天猫店铺佣金为 50 元），成本为 800 元，邮费 10 元由卖方承担（图 9 – 2）。

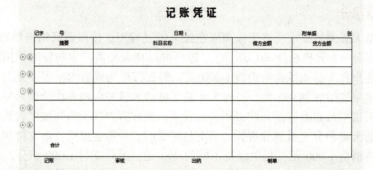

图 9 – 2

任务 3　淘宝客佣金的账务处理

2020 年 9 月 25 日，丽人天猫女装旗舰店通过淘宝客卖出一套价格为 230 元的女装，支付淘宝客佣金 20 元（图 9 – 3）。

图 9 – 3

子项目二　电子商务特殊业务的账务处理

【做中学，学中做】

任务1　直通车、天猫积分的账务处理

丽人天猫女装旗舰店做店铺推广，在直通车账户充值 3 000 元，本月 cpc（按点击采取收费）点击扣费 1 272 元（图 9-4）。

天猫店铺的
特点 3

记账凭证

摘要	科目名称	借方金额	贷方金额
合计			

记字　　号　　　　日期：　　　　附单据　　张
记账　　审核　　　　出纳　　　　制单

图 9-4

2020 年 10 月 18 日，某客户在丽人天猫女装旗舰店购买一套女装。购买服装花费 800 元，并使用 1 000 天猫积分（100 天猫积分 =1 元）（图 9-5）。

记账凭证

摘要	科目名称	借方金额	贷方金额
合计			

记字　　号　　　　日期：　　　　附单据　　张
记账　　审核　　　　出纳　　　　制单

图 9-5

任务2　节日折扣的账务处理

丽人天猫女装旗舰店"双十一"期间对部分商品进行半价促销，某上衣原价为 1 600 元，现价为 800 元（图 9-6）。

图 9 – 6

任务 3 满额即减的账务处理

丽人天猫女装旗舰店推出"满600元减50元，满1000元减100元"的优惠活动，某买家购买两套服装，价款共计1 100元，使用优惠券后实际支付1 000元（图9 – 7）。

图 9 – 7

【小结】

（1）卖家发货时的账务处理。

借：发出商品

　　贷：库存商品

（2）买方确认收货时的账务处理。

借：其他货币资金——支付宝

　　贷：主营业务收入

　　　　应交税费——应交增值税（销项税额）

（3）扣减天猫年费时的账务处理。

借：其他应收款

　　贷：其他货币资金——支付宝

（4）达到协议销售额返还天猫年费时的账务处理。

借：其他货币资金——支付宝

　　贷：其他应收款

（5）未达到协议销售额时的账务处理。

借：销售费用——天猫年度技术服务费

　　应交税费——应交增值税（进项税额）

　　贷：其他应收款

（6）包含天猫佣金，交易完成时的账务处理。

①借：其他货币资金——支付宝

　　　其他应收款——天猫店铺佣金

　　　贷：主营业务收入

　　　　　应交税费——应交增值税（销项税额）

②借：销售费用

　　　应交税费——应交增值税（进项税额）

　　　贷：其他应收款——天猫店铺佣金

（7）支付淘宝客佣金的账务处理。

①借：销售费用

　　　贷：其他应付款——淘宝客佣金

②借：其他应付款——淘宝客佣金

　　　贷：其他货币资金——支付宝

（8）直通车充值时的账务处理。

借：其他货币资金——直通车账户

　　贷：其他货币资金——支付宝

（9）直通车消费时的账务处理。

借：销售费用——广告业务宣传费

　　应交税费——应交增值税——进项税额

　　贷：其他货币资金——直通车账户（银行存款）

（10）使用天猫积分抵减货款时的账务处理。

借：其他货币资金——支付宝

　　其他应收款——天猫积分

　　贷：主营业务收入

　　　　应交税费——应交增值税（销项税额）

（11）节日促销和以满额即减的销售方式按照实际收到的金额确认收入时的账务处理。

借：其他货币资金——支付宝

　　贷：主营业务收入

　　　　应交税费——应交增值税（销项税额）

【巩固提升】

1. 支付给淘宝客的佣金应计入（　　）科目。

A. "管理费用"　　　　B. "销售费用"　　　　C. "财务费用"　　　　D. "营业外支出"

2. 某天猫店在"双十一"进行促销，采用折扣方式销售货物，则（　　）。

A. 销售货物并向购买方开具增值税专用发票后，由于市场价格下降等原因，销货方给与

购货方的折扣，可按折扣后的余额作为销售额计算增值税

    B. 以销售折扣的余额作为销售额计算增值税

    C. 销售折扣不得从销售额中扣减，按原价计算增值税

    D. 如果销售额和折扣额不在同一张发票上，可以折扣后的余额作为销售额计算增值税

3. 某网店对其所售产品推出"满 600 元减 50 元，满 1 000 元减 100 元"的活动。有位客户当天一次性消费 1 230 元，实付 1 130 元。

要求：编制相关会计分录。

参 考 文 献

[1] 蒋晓凤. 行业会计比较 [M]. 北京：人民邮电出版社，2017.

[2] 傅胜. 行业会计比较 [M]. 大连：东北财经大学出版社，2016.

[3] 邓倩兰，李莉.《行业会计比较》课程教学方法改革的若干思考 [J]. 现代经济信息，2017，24：471.

[4] 吴访非，尚云鹏. 建筑行业会计面临的挑战及其对策研究 [J]. 建筑设计管理，2021，01：68－74.

[5] 王园. 高职行业会计比较课程教学改革 [J]. 学园，2013，29：87.

[6] 慕艳，雷轶超.《行业会计比较》课程教学改革探索 [J]. 产业与科技论坛，2019，22.

[7] 张光锋. 流通企业商品购进退补价会计处理浅析 [J]. 现代商业，2013，15：257－258.

[8] 王飞.《小企业会计准则》与《企业会计准则》核算差异梳理 [J]. 现代商业，2016，14：157－158.

[9] 冯舟. 企业所得税法与会计准则关于收入的差异协调研究 [D]. 合脂：合肥工业大学，2016.

[10] 许慧敏. 电子商务企业收入确认对网络营商环境的优化研究 [J]. 市场周刊，2020，03：116－118，131.

[11] 刘畅，刘姗. 苏宁易购主营业务收入增长问题及对策 [J]. 饮食科学，2018，12：117－119.

[12] 郭定鸿. 投资性房地产准则对房地产行业会计处理的影响 [J]. 财会学习，2017，09：94－96.

[13] 崔文吉. 投资性房地产准则对房地产行业会计处理的影响 [J]. 企业改革与管理，2017，11：156.

[14] 彭武焕. 浅析新会计准则下的建筑行业会计管理 [J]. 现代商业，2007，27：26－27.

[15] 吴明芳. 高职院校会计专业课程思政实施路径探析 [J]. 机械职业教育，2019，7：43－45.

[16] 王立新，王英兰."课程思政"视角下高职会计专业课教学改革探讨 [J]. 浙江工贸职业技术学院学报，2018，18：21－24.

[17] 胡苗忠. 基于"一个引领、一条主线、三个平台"的课程思政框架体系研究与实践——以浙江农业商贸职业学院高职会计专业为例 [J]. 商业会计，2018，14：127－129.

[18] 刘婷. 基于"课程思政"的高职会计专业教学探析 [J]. 纳税，2018，32：151.

[19] 邵瑞庆. 关于加强行业会计研究的思考 [J]. 会计之友，2007，31：4－6.

[20] 刘尚林. 高职会计专业实践性教学的改进 [J]. 中国职业技术教育，2001，1：53－54.